AF480124

Byron Salas

MAR DE FONDO

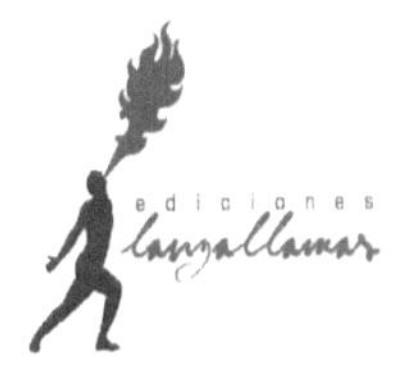

Mar de fondo
Libro de los nimios

Colección Reina Amelia

PRIMERA EDICIÓN, 2021

San José, Costa Rica.
Apartado Postal 7202-1000 San José
Correo electrónico: info@edicioneslanzallamas.com
www.edicioneslanzallamas.com

Guillermo Barquero, fotografía de portada

CR863.44
S161m

Salas, Byron
Mar de fondo / Byron Salas --1a. ed.-- San
José, C.R.: Ediciones Lanzallamas, 2021.
250 p.: 10,8 x 17,8 cm. – (Colección Reina Amelia 1)

ISBN 978-9968-636-35-3

1. Literatura costarricense. 2. Literatura miscelánea. I. Título.

Impreso en Estados Unidos

al pastor de los muertos

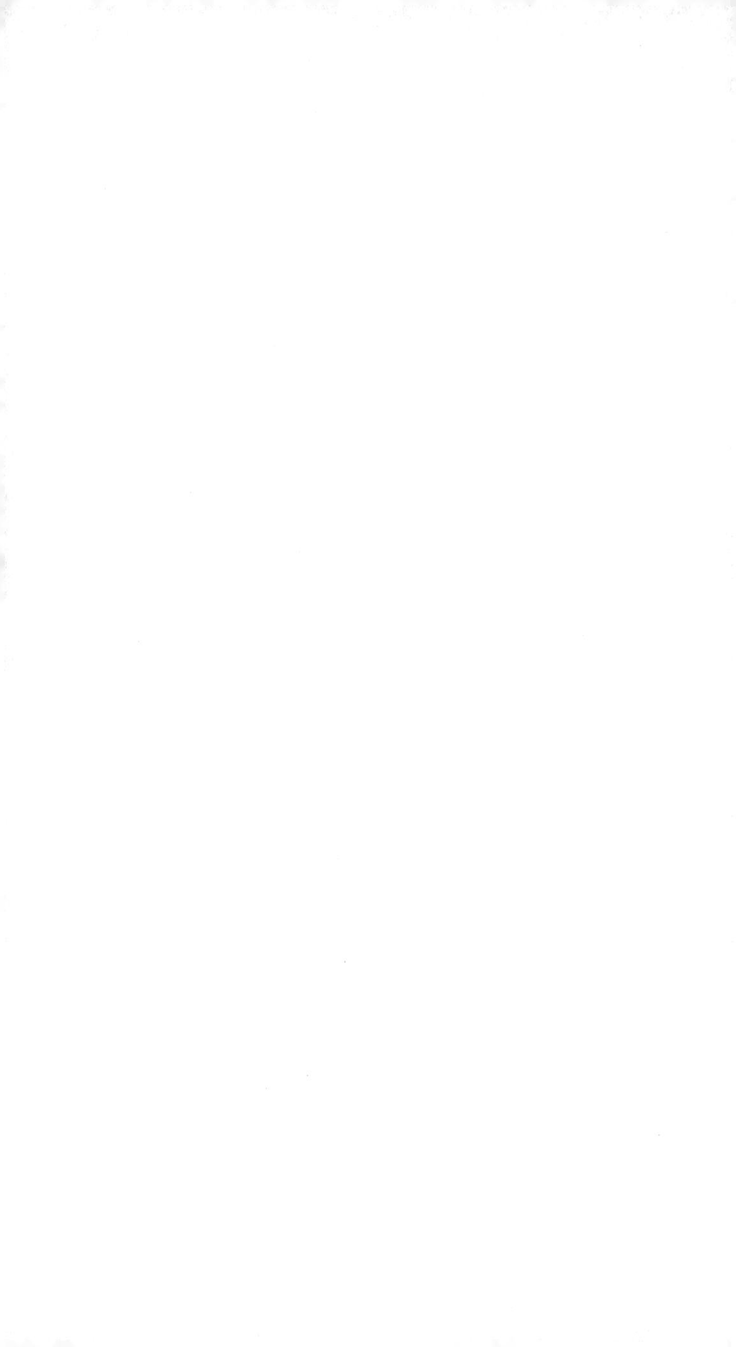

mar de fondo

1. m. o f. *Mar. y Meteor.* Agitación de las aguas del mar propagada desde el interior y que en forma atenuada alcanza los lugares próximos a la costa. También puede producirse en alta mar sin efectos en la costa, con propagación de olas, aun débiles, de un lugar a otro.
2. m. o f. Inquietud o agitación más o menos latente que enturbia o dificulta el curso de un asunto cualquiera.

DICCIONARIO DE LA REAL ACADEMIA DE LA
LENGUA ESPAÑOLA

Cosas, tan solo cosas

Arrastro las fotografías como una especie de
apéndice indeseado y al mismo tiempo como
un jardín en potencia. ¿Qué hacer con ellas?
¿Cómo entender esa ambivalencia suya que
explota constantemente contra todo lo que su-
puestamente soy? La cuestión no es saber o entender, ni siquiera buscar en ellas algo parecido a
una respuesta. Mi caja de fotos es una caja de silencio y, al menos en ese terreno incierto que es
la literatura, pertenece a una tradición extensa y
muchas veces monótona —larvaria, parásita—, y
por esto mismo, quizá, indeleble. Aparecen rostros que ya no son los de siempre, sonrisas dispersas, grávidas de felicidad, ahora fantasmales.
Tonos de pelo, incluso las viejas cortinas blancas, las flores de la mesa o la rama de un árbol
que ya no existe. ¿Son humanas las fotografías,
su recuerdo, esa ánima que conservan, es estric-
tamente humana? ¿Qué hacer con esos zapatos
que saltan de una de ellas y me impactan muchísimo más que la sonrisa de mi hermana o la presencia de mamá? Son también parte de todo mi
cargamento afectivo un limonero muerto, una
mesa de flores rosadas, un tono de sombra que
adorna los párpados de mi abuela. De pronto, en
un descuido de la mirada, emerge de las aguas,

entre las islas, el páramo constante de la infancia. Así aparecen entonces aquellos árboles que ahora cubre el cemento o la puerta que hoy se ha sellado para poner en su lugar una pared. Hay un florero con pastoras navideñas de plástico y las pastoras navideñas de plástico, recuerda uno de pronto, tenían gotitas de plástico que querían ser gotitas de agua. Todo el vórtice de la vida en un pedazo de papel. ¿Qué hacer con esta caja de imágenes de las que nada puede desprenderme? Tampoco sé escribirlas. A nadie le importaría saber cómo se ve mi abuela en 1994 mientras sirve el desayuno, cómo hundo mi cara en una taza de sopa, cómo se me ven las nalgas cuando me cambiaban el pañal. A nadie le importa la vida de nadie.

No existe el fuego, no existen las tijeras ni la voluntad para romperlas en pedazos. Además del monstruo salvaje que prefiere una fila de pinos en lugar del progreso, el masoquista me habita. Abro la caja y recuerdo y entonces recuerdo lo poco grata que es toda vida. Hechos de migajas, de errores, constantemente deformes, de pronto volvemos a vernos en un espejo que invade la corrosión. La corrosión nos invade desde la foto del bautizo, desde la foto de unos días después del nacimiento, la corrosión física te va demoliendo desde ahí, te va aflojando los dientes y las costillas y te va tirando señales en la expansión de los años. De pronto tengo en mis manos una foto de graduación. Me gradúo de la escuela. Alrededor mío están mis compañeros, otros. De pronto una cara que hace tiempo dejó de existir: ella, una niña de cachetes rosaditos, sonriente, muerta, otro de ellos, un niño morenito, que no sonríe mucho, muerto, otra niña, casi sin expresión, desaparecida para siempre en las olas, ahogada. Luego una foto de familia, una foto de mi cumpleaños número tres en donde están los tíos, las primas. ¿Cuántos muertos hay en esta foto? Dos, hasta ahora. Poco a poco, la corrosión se ha ido mostrando y el páramo adquiere su sentido pleno. Pero en él podremos correr. Habrá frío, habrá niebla, pequeños árboles engañosos. Pero en él se podrá correr aunque haya frío, aunque raspen los pequeños árboles. ¿Y si la función de los álbumes desde siempre fue esta, la de ser un cuentagotas de la muerte? La imagen de un momento es de pronto inabarcable, sobre ella, en la superficie que refleja la luz inmaterial del bombillo, transitan los siglos, confluyen los muertos. En una de las imágenes, sobre mí, sobre mi rostro, se ha expandido una mancha enorme de corrosión, un tajo de tiempo que me ha borrado las facciones y me ha convertido en un borrón de tinta anclado en el papel. El borrón de tinta, lo irreconocible, hondamente ajeno a lo más cercano. Eso soy.

★★★

Sin recordar cómo ni dónde, sobre mí cayó una constante sed de imágenes, un río incontenible que me llevaba, cada vez que me movía por lugares afectivamente muy poblados, a capturar *cosas*.

Tomaba la cámara de rollo de casa y ardía con alguna cosa que estuviera, de alguna manera, acomodada en aquella zona palpitante. No era una sed de belleza (aunque me amenaza siempre la sed de belleza) puesto que mis fotografías están muy lejos de ser un logro, apenas un balbuceo, la puesta en escena de un impulso. Me movía un poco dentro de la zona, acompañado o no, bajo la sombra o bajo el sol, y sentía, entonces, la necesidad de ser una rama o una piedra o el camino indolente que van trazando las zompopas sobre el zacate y una vez vivido, observado, una vez que todo se volvía la masa informe que confluía, por ejemplo, en la rama quebradiza, procedía a fotografiarla.

Tenía entonces un rectángulo (la fotografía revelada, imagen-materia del enigma) en donde aparecía la rama quebradiza, vacua para todo aquel que la mirara sin tener conmigo aquella especie de calor afectivo por todo lo que hacía a la rama ser esa rama y quebrarse. Así entonces acumulé una inmensa cantidad de cosas nimias

que para mí son eso, *los nimios*, y son una manía
absurda para los profanos. Quienes ven la rama o
la flor y nada más, ignoran el vórtice, la tentativa,
la sed. Descubro constantemente nimios en las
fotos viejas y creo que es posible contar la historia de una vida sin nada importante, nada de
interés público o histórico, ninguna ejemplari-
dad o enseñanza, nada, a través de los nimios que
la rodean. Los nimios revelan el vacío del que
irradian. Eso implica abrir los álbumes familiares
para no vernos, para focalizar, digamos, un cuadro barato lleno de brillantina, un muñeco sucio
en la esquina del patio, un zapato al que nunca
le encontramos su par. ¿Qué pasó con cada cosa?
La memoria, lo sé, falla la mayor parte del tiempo con el rompecabezas de los nimios, pero es
ese olvido el que pone en marcha el mecanismo
de esta escritura: la especulación de la historia
de esa cosa en particular, esa cosa, tan solo cosa.

La masa de polvo en que se convertía el patio de la casa de mis abuelos era un símbolo de
libertad porque no había forma de contenerse,
siempre había que quitarse los zapatos y dejarse
guiar por el juego de los pies contra la tierra.
Hay una foto en donde aparezco acostado sobre
la tierra con una camiseta blanca. La calidad de
la imagen es pésima, la tomaron de tan cerca que
soy apenas un manchón con sus extremidades
y el ombligo sucio y la cara afantasmada. Llevo

puesta, dije, una camiseta blanca, de tirantes, en donde se evidencian los estragos que ha hecho la tierra y mis pies y brazos están libres para tocar toda esa tierra que está a mi alrededor. Pudo ser que el día fuera ventoso, lo cual explicaría la insistente mancha de sol sobre la camiseta blanca y sobre mi cara deforme en donde, creo yo, lo que hay es una sonrisa sin dientes y no un agujero negro. Si la imagen se moviera las manchas de sol oscilarían, si las manchas de sol oscilaran bruscamente sabríamos que se trata de un día ventoso. Pudo no serlo, pudo ser solamente un día soleado y las hojas del árbol que tamiza el sol (estoy seguro de que es un mango y estoy casi seguro de dónde puede ser que esté o estuvo) pudieron haberse movido apenas lo suficiente como para hacerse notar en el roce. Pudo haber sido una mañana muy caliente y la foto entonces, en su disipación borrosa, anuda la sensación térmica sofocante con la humedad, y el patio deja de ser tierra suelta y se transforma en porciones húmedas que convergen con tierra suelta que pronto dejará de estar suelta para volver, tras la lluvia, a formar el cuerpo del barro que dará de comer a las gallinas. A mi abuela le molestaba que llegaran tantas gallinas a ese patio, protegía con recelo sus rosas rojas: su papá, es decir mi bisabuelo, tenía sacos llenos de maíz y guacales que llenaba con el maíz para pararse en el borde del patio y llamar a su ejército de gallinas que acudía, incendiario, dejando plumas entre las ramas de los naranjos, a devorar el maíz que caía sobre el barro o la tierra apelmazada: si nos cubre el mango que creo que nos cubre…

★★★

Creo que pertenece a esta narración el siguiente detalle: después de la transformación más grande que sufrió nuestra casa, una de esas drásticas transformaciones que sufren las casas de clase media al menos una vez en su vida de refugio útil, mamá dijo que iba a desechar todas las fotos que quedaban. Los álbumes viejos habían sido deshojados, las fotos que habían estado adheridas a sus páginas, detrás del plástico tostado por el tiempo, andaban dispersas por el piso de uno de los cuartos de la casa en remodelación. No sé si la decisión de mamá en aquel momento estaba marcada por la necesidad de eso que toda la gente llama un nuevo comienzo y que se relaciona con toda clase de cambios: desde un pantalón nuevo hasta (como hice yo alguna vez) raparse la cabeza. En este caso era posible que mamá quisiera un nuevo comienzo paralelo a la remodelación de la casa y, justamente por eso, decidió que había que deshacerse de las viejas

19

fotos. Pero yo no quería dejarlas desparramadas por el suelo, mucho menos perderlas, y traté de convencerla de que valía la pena guardarlas. Le dije que podían servir, que eran recuerdos, tonterías de ese tipo, pero ella estaba decidida a dejar que todo eso se lo llevara la borrasca de los presuntos aires nuevos. Las recogí todas, las apilé, las eché en una bolsa blanca, pequeña, que conservé conmigo todo el rato que me mantuve en el cuarto. Así, cuando mamá volvió para recoger la gran bolsa negra en donde habíamos botado no solo las fotografías —ella estaba segura de que estaban dentro, en la basura—, sino también cortinas manchadas por los trabajos de remodelación, viejos libros sobre pedagogía de su etapa universitaria y algunas piezas invaluables, ahora, para mí (como un pavorreal metálico, lleno de garabatos rojos en su cola desplegada), no pudo notar que yo las había rescatado de la borrasca. Sacamos la basura, ¿cuántos otros nimios no rescaté? Se los llevó el camión junto con la escoria que habíamos desterrado durante los días de trabajo. El cambio en la casa no estuvo mal, a decir verdad, la hizo más amplia, le agregó dos cuartos y un baño extra, una sala de televisión y un garaje que funciona como bodega muchas veces, incluso como terraza. No obstante, muchas veces me ha dado por echar de menos la casa vieja con sus divisiones pequeñas, con la imposibilidad de alejarnos, siempre condenados a escucharnos y vernos, incluso en las asfixiantes noches en que nos odiábamos a muerte, mamá y yo, a través de una pared, condenados a vernos y odiarnos a menos de que se decidiera alguno a salir al espacio abierto, a las sombras y la humedad del zacate alto, los troncos secos y esa majestuosa fila de pinos que nos dividía de la fábrica que sigue, todavía hoy, abandonada en el terreno vecino. Ya no hay ese terreno abierto ni está la fila de pinos, el mundo más práctico prefirió una malla que, al menos, han dominado las enredaderas. El mundo de la casa pequeña parece no haber existido nunca, no haber estado jamás con nosotros. Su estrechez, la sensación de mutismo, de atragantarse con piedras, todo se transformó en el espacio frío y amplio de la casa que ahora ya no es mi casa. En cuanto a la bolsa de fotos: es lo que ahora, de una manera un poco fantasmal y despiadada, me obliga a escribir estas páginas que me llenan de dudas, un improvisado umbral a otro libro por venir. No sé si llegará. He arrastrado conmigo esas fotos a todas partes, han ido conmigo en un sobre amarillo, en una caja de zapatos, luego en otra caja no sé de qué hasta dar con el álbum rojo que ahora las contiene. Han resistido al paso de los días (no sin manchas y heridas y borrones) llaman desde sus capullos, noches y noches, recordándome, con el mismo sonido de un reloj y la sensación asfixiante de la cuenta regresiva del estar vivo, que tengo que hacer algo con ellas. Alguna vez pensé en quemarlas, luego en arrojarlas a la bolsa de la basura que, después de todo, era lo que les esperaba en un principio. Nunca lo he hecho, jamás lo haré. Permanecen, cuentan.

Ahora escribo algo relacionado con ellas y soy consciente de que a nadie le interesa mi vida, a nadie le interesa la vida de nadie (a menos que, como dije antes, tenga algún provecho social, moral o artístico) y por eso la plaga de los cronistas de su propia vida no pasa de ser un eslabón blando y vacío, quien escribe de ese monstruo que cree tener, de sí mismo, y se come su propio cuento, el cuento de su vida como historia, el cuento de su coherencia, el cuento de la vida como un avance progresivo hacia un desenlace, quien confunde nacimiento con origen y muerte con fin, no pasa de ser una larva de la escritura, un perpetuo manoteo a ciegas incapaz de abandonar la placenta. (Anotación al margen: "El arte tiene necesidad de verdad y no de sinceridad.", escribe Malévich.). Prefiero otras cosas, aunque desde siempre he tenido mucho de larva. No las cosas que están en la vida constantemente, las que pasan anegándola, esas inundan todo sin que se las mencione. Prefiero las cosas ininteligibles, ser supersticioso. Embriagarme de especulación.

22

★★★

29 de abril 2017.

En Atenas desde ayer. Fuimos David y yo al centro a comprar comida china cuando estaba el sol en su mejor momento, y me topé con Á. Fue grato verlo después de tanto tiempo, pensé que me odiaba por ser algo así como un monstruo parricida. Me alejé de ellos y no estoy seguro de que entiendan nunca por qué, no espero que lo entiendan, nadie, ni siquiera David, puede entenderlo completamente. Le pedí el teléfono de mi abuela y quedé en llamarla. Habló de su descalabro de salud, como siempre, a punta de exageraciones: *se le reventaron seis úlceras, vomitaba baldes de sangre.*

Pienso que cada vez que vuelvo aquí algo me abruma. Debe ser justamente la observación de lo que tengo alrededor. Los árboles que ya no están plagados de flores, algunos continúan pelados, sin una sola hoja, los pájaros que reposan en esas ramas desnudas (a veces golondrinas, a veces pechoamarillos, a veces viuditas fugaces). La increíble propensión de este lugar a la melancolía me exacerba. Incluso cuando sus tonos no son grises y opacos, me empuja hacia ese estado de gravitación en la nada. Dije que me exacerba, es decir me ayuda a escribir. Intento escribir sobre esas sombras y esa quietud (justo ahora una paloma zurea en la rama desnuda del cedro que tengo al frente) que tanto me interesan, han llegado a obsesionarme en los últimos meses. Supongo que cualquiera que piense en escribir o pintar o componer cualquier cosa pasa por esto de querer escribir sobre la desnudez de las cosas (escribe Amighetti, no recuerdo bien dónde: "andaba en la fiebre mística"). (¿Lo dice Amighetti?).

No quiero ser hermético siempre, solo a veces.

30 de abril 2017.
Ahora llueve. Me interesan los retumbos, las cosas se vuelven más llenas, robustas, bellas, cuando llueve así.

La intimidad de la escritura es después, cuando se hace libro (si se hace libro), un terreno común en donde todos entran para leer distorsiones y fundar cada quien su equívoco. Solo se lee lo que uno desea.

1 de mayo.
De vuelta en San José.

24

Aparece otra vez este sentimiento de inseguridad, esa imposibilidad mía de creer. ¿De creer en qué?

3 de mayo.
Odio mi tiempo.
Ver los árboles que florecen junto al viento aunque ahora solo haya lluvia.

6 de mayo.
Presentamos mi libro en la Facultad de Letras y fue, evidentemente, un fracaso. El montón de desconocidos que llegaron aparecieron parpadeando bajo los fluorescentes gracias al olor del café. Me los imagino resucitando de los patios enlodados, manoteando en busca de pan. Al final se acercó J.P, que también estudia Filosofía, y me preguntó si yo participaba en algún tallercito, me dijo así: *tallercito*. Le dije que no. Me sorprendió que me hablara, sobre todo porque siempre me ha parecido un tipo endemoniadamente bello, delicioso. La verdad es que mientras me hablaba lo único que tenía en la cabeza era el hecho de que hasta me he masturbado en el baño pensando en esa carita.

Lo mejor de esta porquería de presentación fueron dos cosas: el pan dulce que hizo Z. para la ocasión, un gesto rebosante de ternura que jamás voy a olvidar, y ver a mami y a Génesis en

la primera fila de un auditorio de la Facultad:
por lo menos tengo esa imagen y ellas la mía ex-
poniendo serio al frente de algunas caras largas,
ya que nunca me voy a ganar un título de nada,
al menos me vinieron a ver en un cierto trance
de importancia. Vinieron desde Atenas y David
las fue a esperar a la iglesia de San Pedro. Había
llovido toda la tarde y llegaron apenas a tiempo.
Tengo la sensación de que quise evitarlas, siento
culpa y vergüenza por haber escondido la cara
entre las manos o hacer que cerraba los ojos
como un santo en pleno éxtasis mientras hablaban del libro. Luego fueron ellas las únicas que
compraron un par, me sentí como si me estuvieran levantando del patio, después de haberme
roto el hocico contra la tierra, y me estuvieran
limpiando la sangre y diciéndome ya, ya, nada
pasa, a cualquiera se le ocurre que puede escribir
libros. Estuve con ellas mientras tomábamos café
afuera del auditorio y nos tomamos fotos como
si fuéramos desconocidos. Después bajamos los
cuatro, David, ellas y yo, hasta el bus. Seguía llo-
viendo: las luces húmedas del campus vacío un
viernes en la noche, el olor constante del asfalto
y el recuerdo y las voces de mi mamá y de mi
hermana resguardadas bajo una sombrilla marrón, detrás de David y de mí, siguiéndonos. En
el centro de San José nos bajamos antes que ellas,
en el Parque España, y tengo la imagen de las

26

dos despidiéndose de mí tras los cristales empañados del bus, alegres y distantes, yéndose de mí en la cargante atmósfera de hoy. Nunca las había amado tanto.

24 de mayo.

Ahora empieza a llover y la casa es oscura durante todo el día. Como tiene solamente dos ventanas que dan a la estrecha servidumbre que nos conecta con la calle abunda en humedad y en sombras. Vivimos aquí desde hace más de un año (desde marzo de 2016) y hemos aprendido a convivir con las manchas negras que comienzan a formarse de pronto en las esquinas, extendiéndose como un delgado molusco sobre la pared. Hay una parte del molusco en el cuarto, una esquina entera ha sido colonizada y está negra, tomada por esa entidad vampírica que trama signos intrincados. En esa misma esquina hay marcas de caída de agua, chorritos en la pared. El cielorraso sobre esa esquina está podrido: a veces imagino la escena en donde cae sobre nosotros, con agua y basura, sobre los libros que tanto nos ha costado reunir y me desespero. Lo que más me preocupa, claro, son los libros.

26 de mayo.

En Atenas. Lo que me emociona es siempre llegar, esa sensación extraña de que nos aproximamos a un lugar en donde solamente nosotros somos capaces de sobrevivir, sacándolo del letargo y la abulia en que siempre parece estar sumergido. Ha pasado casi un mes desde la última vez que vinimos y todo parece infinitamente nuevo e irreconocible. No sé por qué dejo que me gane esa terquedad, esa sensación que me embarga cuando a través de las ventanas del bus empieza a colarse un olor distinto, un olor que tal vez la costumbre, el vivir aquí, me había arrebatado. El olor de lo seco, de lo árido o de la humedad profunda, casi podrida, en los meses de más lluvia. Ahora que las lluvias comenzaron todo ha recuperado su exuberancia: los cerros que hace un mes eran marrones, limpios, ahora yacen bajo la neblina, en la humedad de la tarde, el cedro que hace un tiempo no tenía una sola hoja disparó cientos contra el aire, capullos desenvueltos, apuntando en todas direcciones. Es ese olor y el ruido del sobreviviente patio de la infancia, al menos de sus ruinas, de su recuerdo, lo que queda y permanece al lado de carrocerías destartaladas, portones herrumbrosos.

27 de mayo.

Soy un ser de ruinas. Soy un ser lleno de una sed que solo acepta ruinas, un hueco que se lamenta cuando no tiene alrededor chatarra oxidada. ¿Por qué me atacan de nuevo los sueños mortíferos, su nube tóxica, con mi papá y los suyos? Nuevamente sale la bestia que nada aplaca. ¿Por qué mientras duermo sigue vivo este fuego que me coloca frente a una grieta inconcebible? ¿Por qué no puedo decirme? ¿Por qué debo seguir siendo yo ahora y no consigo en ninguna parte fuerza o terreno?

26 de julio.

En la madrugada murió doña B. No iré al funeral, o mejor: me pidieron que no asistiera. Tengo que hacer una llamada y dar mis condolencias. Es extraño, todavía no puedo creerlo, las personas como ella parecen objetos inamovibles. A menudo la recuerdo en la playa, en un paseo que hicimos cuando todavía vivía don R., levantándose después del paso insolente de una ola que le desacomodó el vestido de baño y dejó expuesto uno de sus pezones: miró a su alrededor tras acomodárselo, cerciorándose de que nadie la hubiera visto, y se quedó tranquila sin saber que yo la vi, vi su pudor. Era dueña de un aplomo mineral.

6 de agosto.

Comienzo para algo: "Pocas veces hacía un frío tan visible."

16 de septiembre.

Mientras barajo frente a mí una serie de textos que he escrito en los últimos meses me doy cuenta de que en ellos se repiten una serie de imágenes: los relojes (el reloj-corazón en la sala de mis abuelos, el reloj con péndulo en la penumbra, el reloj olvidado en el fondo de una gaveta), las hojas y las metáforas vegetales (las flores blancas extendiéndose hacia todos los puntos del espacio, el bambú, los pinos, los limoneros, los espaveles, un planeta delicado de hierbas), el agua (los ríos, el mar, el rocío, la lluvia), el viento (larguísimos campos de gramíneas peinados por el viento, un cerro lleno de hierba ondulando en el viento). Son indelebles, irreductibles, podría tan solo disfrazarlas, hablar de otro reloj-corazón, de otros pinos, de otros mares, otros planetas delicados. Son el limo de todo lo que escribo, ese húmedo sustrato de lo que recordamos sin recordar, islas que no desaparecen.

17 de septiembre.
[Una fotografía pegada en la página del cuaderno lo muestra muy niño, en una sillita de comer, con una taza morada de plástico en la que hunde su cara, en la mano derecha una cucharita celeste, de plástico también.] ¿Desayuno en 1995?, ¿en qué año?, ¿cuánto podré tener: dos o cuatro años?, ¿quién me tomó la foto?, lo más fascinante es el exterior de la casa, visible a través de la ventana detrás de mí,

ese paisaje hoy perdido, las ramas enredadas en esa luz, ensombrecidas, ¿realmente será un desayuno? La luz es demasiado grisácea.

5 de noviembre.
Hoy mataron a Susy, la perra que vivía con nosotros a medias. A medias porque desde que se quebró una de sus patitas delanteras vivía con la hermana de David. Muchas veces la odié, muchas la ignoré y después busqué, en silencio, su perdón. Siempre me miró con sus ojos amplios y estoy seguro de que leía mi temor, mi completa seguridad de que entendía lo que yo estaba sintiendo por ella. Ella, para mí, era un pequeño misterio casi deforme, feo. Nadie sabe lo que un animal hostil a nosotros puede cavarnos en el cuerpo. Escribo sobre su muerte como una forma pobre y cobarde de resarcirme, engañarme. Susy será a partir de hoy ya no su pequeña silueta de gárgola, sino el charco de sangre iluminado por el sol, secándose sobre el asfalto. Eso nos une. Un día, pronto o no, también yo seré un charco de sangre secándome sobre el asfalto, iluminado por el sol.

12 de noviembre.
Dijo Alejandro que él
deseaba leer a Dante,
me lo dijo esperando

algo de mí, algo que
yo, tan tierno aún,
no sabía, sigo sin saber
y en la noche de enero,
tan cerca los mangos
ya reventados, junto
a las farolas ambarinas
y las sombras tercas
como sonidos de agua,
fumábamos sin parar
y Emiliano decía poco
y yo nada, éramos nada,
loquitas de provincia
oyendo el viento en las
altas palmeras, aspirando
el mismo olor del verano
que se acerca, raspando
la tierra, soñando que
esas noches ventosas
con tabaco y tantísimos
libros por leer y hombres
por probar, no se nos
irían jamás.

★★★

Hay una foto en donde estamos mamá y yo
sentados en la mesa de mis abuelos y ella me
mira con los ojos afilados en un gesto de

desaprobación. Estoy sentado en sus regazos, ella es sumamente delgada, casi una niña, y yo debo tener dos o tres años. Me estoy metiendo a la boca un pedazo de queque, la boca abierta a más no poder, los dedos embarrados, un desastre sobre mi ropa y la de ella. Lo agarré de un plato en donde reposan otros dos pedazos más grandes. Detrás de nosotros la pared de madera tiene el mismo color que todavía hoy, cuando entro a la casa, sigue adornándola: una especie de turquesa con el rodapié negro. La pared tiene la misma cicatriz malva de hoy, no me atrevo a decir que sea solo suciedad porque es demasiado simple decirlo y muy injusto reducirlo todo a capas de polvo que se van acumulando a través de los años de una manera bastante insípida. Es como si fuera un aura o algo que emana desde ella, desde toda la casa de mis abuelos, donde todo es terriblemente viejo y siempre de hoy. Como si nunca me hubiera ido de esa casa y nunca hubiera dejado de estar en esa imagen, con los dedos alzados en contra mía, con los ojos de mamá reprobando mi gula y con la pared (*esa* pared) detrás. Una tela grande con una imagen de la Santa Cena cuelga de *esa* pared, pienso que si no fuera por esta foto nunca se me hubiera ocurrido que esa tela existía en casa de mis abuelos, tampoco hubiera aislado *esa* pared. Las rescato del naufragio del recuerdo porque puedo verlas, porque puedo constatar que una vez estuve dándoles la espalda, en los regazos de una niña que es mi mamá. Hay también, aunque muy cerca del borde superior de la foto que lo corta, un reloj con forma de corazón que creo todavía existe en el patio de atrás de la casa de mis abuelos: intento hacer memoria y constatar la verdad, pero ese es un ejercicio demasiado fútil en estas ocasiones y me conformo, finalmente, con creer haberlo visto, colgando de un clavo, en el patio de atrás, con telarañas y mugre encima, incluso se me dibuja una imagen en la que el reloj ocupa todavía un lugar dentro de la sala, en una de las paredes, y sigue marcando la hora después de treinta años, o creo, de pronto, que lo confundí con una imagen del Divino Corazón que estaba siempre sobre la puerta y ahora, deteriorada e irreconocible, cuelga de ese clavo en el destierro de atrás. Dentro del reloj hay dos flores blancas, pequeñas y, creo, una rosa roja, más grande, al lado del círculo en donde están marcados los números sobre los que giran las agujas, indetenibles. Sobre la mesa hay distintos tipos de vasos —uno de aluminio, otro de vidrio con rayas rojas horizontales en cuyo fondo (que está totalmente blanco) parece haber un poco de leche— bolsas, un periódico muy borroso, ilegible, y un pequeño frasco de pintura para uñas. Luego, detrás de mamá y de mí otra vez, pegado a la pared, hay lo que parece ser un mueble, como una pequeña cómoda que no recuerdo haber visto nunca: es parte de los objetos que invaden nuestra existencia de una forma obsesiva, sin mostrarse realmente o haciéndonos constatar nuestra pobrísima capacidad para dilucidar el pedazo de mundo que nos circunda. Pudo haber sido en la mañana, en el desayuno, porque tengo puesta una piyama blanca y mamá, a pesar de que lleva puestos largos aretes dorados, luce una camiseta blanca de tirantes y el pelo desacomodado como si acabara de recogerlo para abrir la puerta del cuarto, aspirar el sol de la mañana, con las partículas de polvo flotando en una pequeña imitación de los campos de asteroides, y darse vuelta para alzarme y transportarme hasta la mesa. Una foto del desayuno, aquellos extraños despertares que no recuerdo en donde solo existíamos mamá y yo como el resultado de una inaceptable mentira de las circunstancias: un niño medio rubio, rellenito, abriendo la boca desmesuradamente sobre una niña delgada, de pelo azabache, que lo parió. ¿Al anochecer, en la comida? Tal vez, hay demasiada penumbra en la foto como para que sean las mañanas resplandecientes de la casa de mis abuelos, llena de hendijas, ventanas, sin cielorraso, es decir abierta a la intemperie, a la luz, al viento y, a veces, al agua. Mamá y yo, entonces, comiendo antes de ir a dormir. No creo que sea posible, no creo que minutos antes de ir a la cama yo tuviera la oportunidad de hundir los dedos en un pedazo de queque y embarrarme de lustre la ropa con la que iba a dormir el resto de la noche, aunque los aretes de ella son un punto a favor de esa parte de mí que aboga por que la foto fue tomada al anochecer. ¿Una mañana nubosa, de octubre o setiembre? Finales de septiembre, veintidós o veintitrés: la cercanía de la fecha de mi cumpleaños (el veintiuno) justificaría la presencia del queque entre nosotros. Pero no soy el único que cumple años todos los años y me gusta muchísimo más concebir la foto como una imagen inmóvil de los múltiples desayunos perdidos. Hay otra foto, que puede ser la hermana de esta, en donde aparezco yo, nuevamente, en el mismo lugar —la foto fue tomada prácticamente desde el mismo ángulo que la anterior—, pero esta vez sentado en el regazo de mi abuelo. No estoy con la boca abierta ni con los dedos barruntados de lustre ni con la lengua rojiza a la luz del día y los dientes contra quien toma la foto, sino que más bien estoy sonriendo animado y miro fijamente hacia la cámara. Detrás, la pared turquesa con la tela que muestra la Santa Cena bastante oscurecida: no se ve el reloj con forma de corazón y estoy seguro, ahora sí, de que esta se tomó a la hora del almuerzo que, en casa de mis abuelos, era

36

siempre entre las 11:30am y las 12:30pm. Sobre la mesa (una mesa vieja —de flores fucsia sobre hojas de un verde atenuado y espacios blancos, vacíos— que aparece, se desvanece y vuelve a mostrarse en los álbumes familiares) hay varios platos, vasos y tazas que se presentan como la prueba irrefutable de que estamos ante un almuerzo en las postrimerías del siglo pasado: hay un plato blanco en el plano más próximo a la cámara con lo que parece ser un hueso y una cuchara puesta en él de modo que el mango da hacia quien congela el momento, es decir que ese plato es la muestra de que el fotógrafo ha terminado de comer y ha tomado la decisión de ir a traer la cámara para fotografiar a su hijo/ sobrino comiendo en los regazos de su papá, el abuelo. Pudo ser mamá o mi tía o mi tío. Luego hay una taza blanca, sin nada, que creo es un tarro de helados, le siguen dos vasos de aluminio y una caja de leche abierta —la tijera cortó en una de las esquinas—, el brazo de mi abuela, porque solo mi abuela se sienta en ese lugar de la mesa, está en la misma posición que adquiere hoy cada vez que la miro comer. Frente a la caja de leche y el pedacito del brazo de mi abuela hay un plato con restos de arroz y dos grandes papas, luego un plato vacío, una taza amarilla al costado izquierdo, un vaso de aluminio más delante de la taza amarilla y, finalmente, una pequeña taza de plástico morado en la que mi abuelo hunde sus ojos y su cuchara. Es evidente que la taza morada no era su almuerzo, su almuerzo era el plato vacío que está a un lado: mi abuelo se come los sobros que yo dejé de la sopa (un hueso, dos papas grandes, restos de arroz, platos hondos, tazas hondas: una sopa). Alguna vez se me ocurrió comparar la piel de mi abuelo con la madera, tal vez porque siempre ha tenido un tono que recuerda ciertos muebles añejados, opacos, rugosos. Tal vez por sus múltiples trabajos y por su costumbre de fumar la piel tomó esa apariencia que nunca dejó. Su pelo oscuro, tan oscuro como el de mamá, contrasta con el mío que parece una medusa resplandeciendo en la penumbra marina. Su cuello hundido en el centro, como si hubiera un carril por donde transita la vida, sus dedos largos, el anillo de matrimonio que nunca le he vuelto a ver, como tampoco he visto el de mi abuela. Hay que decir que mi abuelo dejó de fumar hace muchísimos años y que seguramente esta foto es una de las últimas de sus días de fumador. Hay otra más vieja, ¿1978, 1979?, en donde aparecen él y mi abuela en el corredor de su primera casa y sostiene entre sus dedos un cigarro a punto de consumirse. Todavía hoy, más de cuarenta años después, al mirar la foto, sigue sosteniéndolo sin quemarse los dedos como si hubiera previsto que iban a sobrevenir los días en donde el tabaco y el humo serían solamente una vaga reminiscencia. No tengo forma de transferir algo del tono y la apariencia de la piel de mi abuelo a la mía, me faltan ciertas cicatrices o una memoria amplia y del todo ajena, aunque heredé y cultivé de forma principiante y fugaz su hábito de fumar. Recuerdo que, por las noches, cuando yo estaba acomodado en la cama, sepultado bajo gruesas cobijas que me ayudaban a repeler el frío que se colaba por debajo de las latas de zinc del techo, podía ver la luz del tele iluminando las vigas de las que pendían grandes telarañas, cruzando por sobre el ropero que dividía el cuarto de mis abuelos del cuarto-bodega enorme en que yo dormía. Entonces oía el encendedor y minutos después la luz del tele desaparecía para dar lugar a las voces agrias del radio de baterías que pasaba encendido muchas horas durante la noche. Imagino que si se cruzaba la cortina que servía de puerta y se miraba hacia la cama de mis abuelos podía verse una luz naranja sobre las cobijas, el olor a tabaco iba invadiendo toda la casa y cuando llegaba hasta mí me sentía curiosamente acompañado, como si existiera comunión en la evanescencia del humo. Durante el día, si se iba al cuarto de mis abuelos, podían encontrarse en el piso, bajo la cama, enredadas con los zapatos y la ropa sucia, las chingas de cigarro exprimidas hasta el último hálito. También tengo presente la imagen de viajar con mi abuelo en su Vanette bajo el sol abrasador, con las mismas voces que durante la noche salían del radio, incansables, y mirarlo de perfil, fumando, mientras yo aprovechaba para tragarme ese humo que frente a mamá o frente a mi abuela me era vedado. Él me reprendía siempre si notaba que yo hacía un esfuerzo por inhalar, pero sus reprimendas eran fáciles de pasar por alto y de alguna forma se escapaban por las ventanas junto con el humo. Aprendí a fumar a los dieciséis años cuando cursaba mi último año de secundaria e intentaba quitarme de encima la imagen de estudiante ejemplar que me había construido en cuestión de tres años, más o menos. Pero la historia de mi tabaquismo es cosa aparte y, según creo, sobra en la búsqueda que me interesa aquí.

Escenas de infancia en provincias hacia el 2000

1

El viento entraba poderoso a través de la ventanilla y volvía el pelo de mamá un montón de agua turbia, luego se escabullía, invisible como era, en el viento que formaba el cuerpo mayor de todos los vientos, huía largo y fuerte, dejando atrás el pelo de mamá vuelto un nido de nubes negras encima de la frente y de los ojos.

Él y mamá iban mucho al centro de Alajuela y siempre que iban pasaban a comerse un helado enorme con frutas en almíbar y barquillos marmoleados de chocolate, y él la miraba cuando cruzaban el parque frente a la catedral, incómoda por los gruñidos de los chanchos que se apoyaban en sus bastones, removiéndose en los poyos bajo la sombra.

Pero hoy no iban al centro de Alajuela.

Él había dormido parte del camino porque sentía miedo del primer tramo del trayecto, cuando el bus sorteaba las vueltas cerradas, al lado de los barrancos que eran una hondonada umbría de maleza tupidísima, las cataratas blancas, un hilo platinado cayendo desde las paredes del cañón del Río Grande, y seguía avanzando, después, hacia los tajos, donde la tierra era falseada constantemente por acción de la dinamita y la garra tostada de los tractores: había aparecido entonces un tumulto de vacío donde antes hubo hondonadas, *Zona de Precipicios* advertían los rótulos al lado de las casas y había una casa con un precipicio al borde del corredor y se imaginaba que el viento amenazaba levantar la casa, alzándose fiero desde el fondo, volcándose hacia arriba, como una llamarada.

Y había otro precipicio junto a otra casa: al final de las vueltas, después de la Represa, cuando solo faltaba una curva más para salir de la madeja y tomar el camino llano, una inmensa pared de tierra muy dura —o al menos a él le parecía tremendamente dura—. Al principio creía que comenzaba al nivel de la calle: se alzaba imponente, perfectamente cuadrada, el corte exacto de los explosivos. Al final, cuando cesaba su regularidad, se veía el techo de la casa y un par de vallas publicitarias. La había visto después de tener los ojos cerrados durante todo el trayecto de las vueltas, tras haberse olvidado de ellas, cuando abrió los ojos, al final, y el enorme muro, la gran pared, apareció a la izquierda del camino.

No sabía que era una huella, una cicatriz de la tierra. De esa pared que lo atraía tanto solamente sabía sus fantasías: entonces, quitando los ojos del perfil de la cara de mamá (la frente lisa ya con el pelo encima de ella, un pelo muy crespo que caía en nudos hasta la mitad de la nariz,

nariz redondeada, no muy grande, que daba paso
a los labios finos que en el perfil dibujaban las
dos partes exactas de un corazón con las puntas
levemente afiladas), los fijó en la gran pared de
tierra y comenzó a pensar en el hombre-pájaro,
pues él era un hombre-pájaro a veces, sobre todo
cuando podía ver esa pared y ver que en la cima,
donde se acababa la ascensión, había una casa y
al lado de esa casa había anuncios, pues cómo si
no bajarían los habitantes de la casa sin alas, si ser
plumíferos.

Él era un hombre-pájaro a veces: desde el
borde de la cama, con una cobija encima y esti-
rando los brazos hacia los lados, como en cruz,
saltaba y corría por toda la casa y sentía cómo
la cobija se ahuecaba formando un saco de aire
que lo quería reventar de espaldas contra el mosaico, a veces se resbalaba, a veces no podía parar
de sentir ese desplazamiento suave que se parecía tanto a flotar, las alas lejos, muy por encima
del mosaico de figuras amarillas. Hay que decir
que el hombre-pájaro muchas veces sucumbió
al jeroglífico de los mosaicos, un mar rojo con
bancos de arena, rasgaduras amarillas, serpientes
marinas, hay que decir se le volvió una obsesión
cómo se volvían espirales o difuminaciones, hay
que decir que esa obsesión fue hasta cierto punto molesta para mamá, pues lo obligaba a tirarse
al piso de todas las casas que visitaban, quería ver

los jeroglíficos que contaban la vida de cada casa, pantalones sucios, mamá retorciéndole un pellizco en el brazo para que se levantara del suelo. Pero eso de las marcas y los mosaicos lo recordó cuando a la orilla de la carretera había una venta de mármol, así le dijo mamá, recién salida del sueño, que se llamaban esas piezas extrañas, rectangulares pero no uniformes en sus lados, inexactas, ásperas, tonos granulados, cada una con un lenguaje propio como los mosaicos de las casas ajenas, fue ahí donde recordó el mosaico, no ahora que era el hombre-pájaro pensando que la casa en la cima de la pared de tierra debía ser la casa de un auténtico, verdadero hombre-pájaro, cómo bajaría de ahí, cómo podrían los habitantes de aquel sitio remoto bajar desde esa altura inmensa: debían tener alas, sí, y las usaban, pero ¿y si no tenían alas? Las palomas vivían en lo que la gente llamaba *palomares* y un palomar era una casita con puerta circular y sin ventanas en la cima de un palo o de una piedra —lo había visto en la tarjeta del abecedario acompañando a la letra P: desde la A hasta la Z, las letras traían una palabra que empezaba con ellas y un dibujo de la palabra elegida: la A decía *ave* y había un pájaro blanco muy gordo, quieto en una rama de apretadas hojas parduscas, la P decía *palomar* y había una casita con una puerta circular montada sobre un palo— y sin duda los que vivían en la cima de la gran pared de piedra tenían que tener alguna familiaridad con las aves, con las palomas o lo que fuera.

Mamá dormía y el camino continuaba. Él intentó dormirse de nuevo, cerró los ojos y tras unos minutos se formó una imagen en su cabeza que lo puso intranquilo: el bus desviándose hacia un barranco que caía hasta lo más profundo en las horadaciones de la dinamita, en el fondo un montón de oscuridad adensada por el calor, todo impreciso, nebuloso, el largo artefacto cayendo mientras todos, dentro de él, permanecían dormidos, inmóviles, excepto él, testigo de la muerte en los pies de la titánica pared: dejó fluir esa imagen, esa sensación, arrugó la cara, cualquiera que se quedara mirándolo en el asiento, al lado de mamá, notaría la expresión compungida del rostro, la caída se hacía interminable, no cesaba nunca el silencio de los que caían junto al testigo, la muerte misma en silencio, nunca tocaban aquella oscuridad secreta del abismo en la que tal vez se encontrara la respuesta a su pregunta por la altura, por qué existían habitantes en las alturas, por qué siempre envidiaba a los habitantes de las cimas y nunca se sentía empático con aquellos seres chatos que habitaban valles y llanuras, casi reptándolos, pegados a la tierra como a una droga infiel.

Entonces caía él solo, sin alas ni ruido, sin acompañantes de muerte que gritaran desesperados por el desplome de la vida.

Caía muy pegado a la pared de piedra, ramas muy tiesas le golpeaban en la cara, habían crecido en aquella verticalidad y llenaban sus pómulos de heridas, sacaban sus ojos y veía rodar el globo de sus ojos como un despojo húmedo rumbo al abismo también y al fondo, siempre al fondo, donde el suelo era suelo y nada más, iban apareciendo manchas amarillas difuminadas sobre un mar rojo y se iba dibujando una tarde cualquiera, fría, lloviznaba, en el fondo del mundo lloviznaba sobre un mosaico rojo manchado.

2

Siempre le había parecido que el lugar era como una especie de cuenco, algo hundido bajo la tierra, o no hundido bajo la tierra, sino simplemente un lugar sin horizontes donde las tormentas de los meses de lluvia eran a veces un reflejo pálido y amenazante en la esfera celeste.

Miraba hacia el norte o hacia el sur y solo encontraba cerros. Hacia el este todo también se consumía en cerros —cierto que con un poco más de carne vegetal que en el resto—, en el oeste, dependiendo de la ubicación que el observador escogiera dentro del lugar-sin-horizontes, dentro de aquella tierra en forma de cuenco de arcilla, podía verse algo que no era el horizonte pero se le parecía muchísimo, un mar de peque-ñas lucecitas amarillas que titilaban como bajo un agua invisible. Una ciudad, el horizonte o el futuro, que, para entonces, en ese entonces, eran lo mismo. Pero a veces, por suerte, el tiem-po todo lo destroza: aquellas lucecitas que por la noche se veían desde la loma o desde cierto punto de la calle que pasaba frente a la casa iban a dejar de significar el horizonte, aunque no el futuro, insoslayable futuro.

Pero entonces, en el entonces del cuenco de arcilla, de la opacidad y las tormentas en exceso lejanas, las luces acuosas lo eran: el único pun-to que no tapaban los cerros, que no cegaba la sequía del verano, muerte marrón predecible incluso en la oscuridad: huele a taxidermia el campo todo.

Porque todo esto, claro, pasaba en lo oscuro, en la noche.

La tierra caliente respirando en su cuna áspera, sin desbordarse, sin salirse, contenida en sí misma para nunca enredarse en otra tierra, para creer-se un nudo solitario, únicamente suyo. Esas lu-cecitas vivas, recortadas en un limbo palpitante, sostenían muchas veces una luna inmensa que le recordaba al observador la existencia del cie-lo. Había estrellas, él alzaba los ojos y miraba y había estrellas formando figuras y apagándose

levemente o escondiéndose tras una rama quebradiza apenas perceptible como sombra entre
las sombras. Él mismo lo era, esa rama, el ojo
que buscaba en el firmamento lo mismo que en
aquella constelación terrestre, mucho más regu-
lar y en apariencia firme: una extensión indeter-
minada de tierras, lugares, zonas, voces, cuerpos,
entrelazamientos, lenguajes. Le contaban historias de otros seres que buscaron en el cielo la
respuesta a la cabalidad del material terrestre, esa
asfixia que encadena para siempre tierra con ba-
rrote, tierra con memoria, con carne, con vida,
con sexo.

No existían alas ni semillas para surcar el viento, ni escape posible de aquel lugar sin horizontes. Muchos años pasarán, él y yo lo sabemos,
pasarán sobre él y sobre la tierra, sobre la loma
del anónimo observador, sobre el cielo y sobre
las luces que adornan el oscuro sustrato nocturno, pasarán sobre todo, se inaugurará la muerte y
alguien mayor vendrá y lo mirará a los ojos para
decirle que existen ciudades, ciudades en las que
las luces no reposan como bajo un agua invisible porque ellas mismas son el agua, la sangre, el
aliento de la vida, ciudades que son el ansiado
horizonte, del tamaño de un cíclope, ciudades
que pueden multiplicar su casa miles de millones de veces y pueden enredarse consigo mismas
y con otras tierras e incluso revolverse con el

cielo y los muertos y ser siempre una sola cosa, una ciudad. Él sentirá que eso es el tiempo y Dios o la esperanza son el auxilio pálido y dudoso que aparece ante su tiranía.

Podrá, entonces, venir a la loma y mirar hacia el falso horizonte y recordar que ha pasado el tiempo y que ya lo conoce y que muchas veces, en medio de sus calles, ha alzado la vista y ha tratado de precisar, mientras lo encandilan las débiles luces que ahora están próximas y enrarecidas, dónde está aquel nimio cuenco de arcilla sin gracia, aquella geografía agreste en donde solo hay sequía o demasiada agua o muchísimas dudas. Y así, con la cabeza alzada desde la única ciudad que ha conocido, que sabe que es mínima, dirá que no puede hablar siquiera de ella, no enteramente de ella, no puede apropiársela o romperla en imágenes, en gestos: el horizonte está concentrado en aquel sitio sin horizontes donde las cosas desconocen su caos, donde el tiempo pasa rajando piedras, paredes y rostros. Dominios de la muerte: solo ella aparece cuando intenta apresar un sitio tan pequeño en unas cuantas palabras, cuando intenta meditarlo y reducirlo a cosa simple. Tanto maldecir solo ha servido para anclarse al paisaje, al lugar hundido.

Las tormentas vuelven, el tiempo se aleja helado, él vuelve a la loma, con mamá, en la noche temprana en que descubre que la constelación aquella es la única pequeña ciudad que conocerá en su vida, parcialmente, vuelve el agua que la recubre también. Las aves nocturnas, también sombras entre sombras, en el cielo, semejan el movimiento de grumos opacos despegados de un lienzo. Él y mamá alzan los ojos, las ven. Huyen. Si los pájaros huyen o lo simulan el agua aparece. Y aparece y cae y ellos corren y las luces quedan atrás y bajo ellos la tierra corre. Piensa que puede ser una brújula pero no está seguro. Resbalan, corren, el agua huele a lo indeterminado, solo materia. Las estrellas que ya no están dan paso al espejo que proyecta sobre el mundo, que es esta nuez, la furia de algo muy parecido a ese dios de las grandes velas y los rostros astillados, la excusa de siempre. El lugar reposa, duerme. La vida es mucho más pequeña que este sitio sin horizontes.

3

De pronto se detiene a observar las plantas que recién acaban de sembrar en la jardinera. Plantas pequeñas que compraron la tarde anterior en el vivero y pasaron la noche en el cuarto de pilas, donde las paredes están formadas con blocs agujereados que dejan pasar la noche y el campo muerto.

Él dormía y las hojas no, las hojas estaban ahí, también las flores, tal vez las flores vigilando lo que pasaba fuera de la casa, cómo se iban moviendo, bajo la hierba mojada por el rocío, animales de piel brillante que se escondían incluso bajo tierra. Las flores, de un tono encendido, en las ramas hinchadas, translúcidas, surcadas por túneles violáceos como los párpados, pequeñas, insertas en la tierra que rodeaba el plástico negro con agujeritos, tal vez eran oídos.

Él dormía y ellas no, y lo piensa precisamente ahora que se detiene a observarlas, después de escalar sobresaltado desde un sueño en que no las encontraba, ni a las flores, ni su tacto, tampoco a mamá. ¿Qué podían haber visto a través de los huecos en las paredes? La pregunta lo había estado acompañando mientras despertaba, no en el sueño. Tiene la costumbre (hasta ahora, a sus ocho o nueve años) de pensar en los inimaginables seres que descienden de las copas de los pinos, de las inmensas ramas de los espaveles, mangos y guácimos que están afuera, sin amparo. Piernas enormes, brazos blancos, delgados, rostros que se pierden, de pronto, en la capa de luna que atraviesa todo el patio de atrás. Y eso lo habrán visto, lo estarán viendo, las flores.

Entonces, después de tomar valor, se levanta, va hasta el pasillo, abre una puerta y enciende la luz del baño, vuelve corriendo a la cama: ahora entra una ranura de luz amarilla que le cobija un poco los dedos de los pies y le vuelve más

inteligible las cosas familiares del cuarto, las cosas
que baraja usualmente el día: un respaldar, un
rosario de cuentas celestes de plástico, una esfera
de vidrio, un cuchillo pequeño, cierta nada. Las
plantas están cerca de los orificios de la pared
extendiendo sus manos y sus orejas, sus flores, las
hojas como lenguas verdes. De pronto la lámina
de luz amarilla que le cobija los dedos de los pies
se interrumpe, algo la cruza, aparece el miedo, la
paranoia. Algo se mueve en aquella luz artificio-
sa. Lejos, al fondo de la casa, pasos de alfiler. En
la mañana había visto en el tele la historia del
País de los Globos: en el País de los Globos no
habitaban más que globos, globos encadenados
a la superficie por una tenue cuerda blanca que
nunca rozaba la tierra, pero no había tierra en el
País de los Globos, había una especie de plató
rojo que era todo el país. Los globos transitaban
por aceras rojas, vivían en pequeños comparti-
mentos rojos y dormían tan solo cerrando los
ojos de su cara de globo, impresa en su cuerpo
de globo, que no difería en nada de las de otros
globos. Todos los globos eran blancos. Entonces,
una mañana, una terrorífica mañana, el sonido
de un estallido despertaba a todo el País de los
Globos: globos en patrullas, con sombreritos de
policía, patrullaban las rojas avenidas, vigilaban
las rojas aceras, los rojos parques, globos con pe-
lucas presentaban noticias en la tele para globos,

la histeria desatada por aquel estallido estaba plenamente justificada: el Alfiletero se había escapado de su prisión perpetua y se había logrado meter al País de los Globos, el Alfiletero perseguía globos con sus manos largas, sus zapatos rizados en la punta, su almohadilla roja plagada de alfileres monocromos, toda la mañana estuvo dormitando en el País de los Globos, en algo que había detrás del Alfiletero y su atroz cacería de globos, sobre todo de una pareja de globitos.

¿Tenían piernas aquellos globos? El no sentía las suyas, habían estallado.

Ahora, con el sueño interrumpido encima, con la luz amarilla interrumpida, estaba mudo y paralizado. No cerraba los ojos porque, aunque sentía cansancio, sentía también pasos. Pensó en él como uno de aquellos globos y en el Alfiletero colándose por uno de aquellos pasadizos a la noche, quitando de su camino a las plantas que, desconocedoras de las palabras, del grito, no habían podido prevenirlo del intruso. Entonces algo se cayó en el cuarto de pilas, donde estaban las matas y los pasadizos y se quitó la cobija de encima. Caminó, tenuemente iluminado por la lámina amarilla, hasta la mesita en donde estaban sus juguetes y tomó el pequeño cuchillo que había exhumado de la tierra que rodeaba las raíces del gran árbol de guaba que, cada verano, reventaba en flores blancas como anémonas. Caminó

por la casa oscura, el reloj de la sala, con un pájaro cantor y una fuente de baterías, movía una
diminuta cantidad de líquido, un agua constante.
En la cocina había animales de coraza lustrosa
que se escondieron en los periódicos viejos, en
el servilletero de girasol, bajo las sobras de arroz
y fruta.

Después de la cocina estaba el cuarto de pilas.

Se quedó quieto un momento en la oscuridad y apretó el pequeño cuchillo, deforme de
herrumbre, y saltó hacia el cuarto oscuro, en-
cendiendo la luz al instante. No estaba el Alfiletero, estaba mamá mirando a través de los huecos
la noche. Se volteó hacia él como asustada y le
pidió que apagara la luz, muy quedo. Entonces
ambos estuvieron a oscuras y ella lo tomó para
que vieran la noche juntos, una noche de cabellera larga, de pinos recortados contra estrellas
y libélulas. Larga como los cuellos del bambú,
la salita silenciosa del duende del bambú. Las
plantas de flores encendidas recibían el viento,
movían cada estambre, pensaban en colibríes
tapizados de brillo, en la tierra plagada de oli-
goquetos. Fue la primera vez que vio la noche,
aunque nunca, hasta muchísimos años después,
se preguntó por qué mamá se levantaba a mirar
la noche. (Alguna vez llegaría incluso a recostar-
se sobre un páramo mojado teniendo encima el
cielo claro de estrellas excesivamente bajo).

Durmió con mamá cerca de la fuente del reloj de la sala, cerca del pájaro cantor que daba las cuatro y media de la madrugada. Una pequeña maraña de luz emergió detrás de los espaveles inmensos y de las mazorcas de maíz que crecieron en la pequeña milpa que él había ayudado a plantar, de los tomates que colgaban al pie del maíz, de las flores incandescentes cerca de la pila, de las anémonas blancas del árbol que le regaló el cuchillo, salieron de pronto pequeños dragones como codornices que se disiparon en un pestañeo mientras ascendían en el aire. Luego la casa entera estaba hecha de luz.

Y ahora, tras escuchar cómo removían la tierra y metían las plantas en la jardinera, había venido a contemplarlas. Llovía. Se mojaban. Por la noche, durante toda la noche, silenciosos animales les cantarían al oído.

4

Una fila de pinos, un macizo de bambúes.

De pronto el patio de atrás le parece infinito.

Naranjos perdidos entre el zacate alto, el árbol seco con su termitero (un tumor, un gemelo parásito) interrumpiendo la fila de pinos que se adentra hasta llegar, al final, junto a las copas centenarias de los espaveles, al macizo de bambúes.

Permanece en el corredor pequeño que da al patio mirando el agua sin luz, un poco azul, del fin de la tarde, que se pierde tras rozarle la frente en la extensión del potrero. Como montañas decrecientes las vacas rondan el zacate alto expulsando insectos que brillan un momento y luego se esfuman, explotando cerca de la luz muerta.

El viento de esa tarde es el viento de los domingos.

Apenas se mueve el tronco de los pinos, apenas aparece la luz de la fábrica del otro lado de los pinos y el ruido turbio de la maquila que no se detiene en toda la noche. Pronto, cuando la noche reine y se duerma, cuando en el reloj aparezcan números que le provocan vértigo como si lo dejaran caer en el pozo más oscuro y pútrido, el ruido de la maquila lo hará soñar con autómatas y largos ruidos metálicos que adoptan colores y saben continuamente a sangre. La fábrica no se detiene nunca. Dentro suyo, cuando lo cubren las cobijas, estallan tras los párpados continuas fantasías de salas enormes con mesas largas en donde hay miles de máquinas de coser y enormes rollos de tela que van moviéndose para formar todo tipo de prendas, pasando por las manos de las mujeres y los hombres que no enderezan la espalda hasta las cuatro o cinco de la mañana cuando suena la alarma que también lo despierta a él y anuncia la llegada de los relevos. El desfile comienza en la oscuridad, es lo único que puede ver o puede imaginar: el cansancio emergiendo de los grandes bodegones con máquinas y tela. El relevo de la tarde, a las cinco, es el que le permite ver, desde los troncos de los pinos, cómo se abren las puertas y aparecen las salas enormes, las telas cayendo desde el techo (cree). Y ahora mira, desde los pinos, la gran sala y los cuerpos ensombrecidos que caminan mientras otros entran. Pasado el tiempo necesario volverán a sonar las máquinas, volverá a funcionar el engranaje alucinatorio que se entromete en sus sueños. No puede creer lo que le dicen una mañana después de desayunar. Se lo dice mamá mientras se embarra un pedazo de pan con mantequilla en la cocina: la fábrica va a cerrar.

Muchas cosas, entonces, desaparecieron. Al mediodía, por ejemplo, dejó de sonar la alarma que mandaba a todos a almorzar. Los obreros salían de los grandes salones, dejaban las telas suspendidas en un momentáneo mutismo y se sentaban en los grandes patios de la fábrica, bajo los mangos y las amarillas inflorescencias de la cañafístula, a disfrutar del tiempo de almuerzo. Para cuando la alarma los liberaba de las máquinas de coser y las grandes bodegas, también él podía estar seguro de que el almuerzo lo esperaba. Todo lo que circundaba la fábrica parecía haberse adaptado a sus horarios, a sus marcas de tiempo a través de las alarmas, de las puertas abriéndose, de los obreros caminando casi al crepúsculo o casi al amanecer, mientras otros iban en dirección contraria. Todo eso ya no estaría. Tampoco, y quizá fuera esto lo más preocupante o lo que más lo entristecía, el ruido que se transformaba en fantásticos autómatas cada madrugada. ¿Cómo describir el ruido de tantas, tantas máquinas, tantos hilos, cómo describir aquel ámbito del ruido que él se imaginaba dentro de los salones de trabajo? Y todo eso, según parecía en aquel entonces, según se confirmó después, habría de desaparecer. No obstante, la huella del sonido, como un pie hundido en la arena mojada, se quedaría: a veces, en el límite del sueño, creía escuchar los engranajes y el desenrollarse de las telas y se imaginaba de inmediato el mismo robot flaco y gigantesco caminando al lado de la fila de pinos.

Un resplandor blanco, a través del que volaban insectos toda la noche, que iluminaba el pie de los pinos y una parte pequeña del potrero detrás de la casa, también desapareció.

Aquellos animales plagados de alas, cilíndricos, ilusión o presencia indefinible, nadando en la intensa luz al lado de los murciélagos, gravitando sobre los rojos cúmulos de las tunas, alrededor de las vainas que secretaban néctar como sangre, todos, se sumergieron en la oscuridad de la noche simple.

Hubo silencio, por primera vez, durante las horas de sueño y durante las tardes de los domingos. Justo ahora que está en el patio de atrás mirando hacia la fábrica, justo ahora imagina que sigue viva. Vinieron muchos obreros, recuerda, vinieron cuando hubo cambio de turno, por la tarde, al borde de las cinco, y arrojaron piedras contra los ventanales de las oficinas y corrieron a través de los pasillos, gritando, escupiendo las puertas y rasgando las telas. Cansados, aterrados por el ruido, por el sueño lejano, perdido, por el poco tiempo que podían estar junto a las cañafístulas que les recordaban la vida más allá de la fábrica, por todo eso, destruyeron la fábrica y la fábrica, entonces, alzando vuelo, deshecha y cubierta de cierta sombra, murió.

Pasaron años. Dos o tres. La soledad se afianzó en el enorme edificio de la fábrica y los jardines simétricamente recortados se convirtieron en auténticos canteros de germinación donde aparecían chinas, bulbos, enredaderas y, de pronto, margaritas, todas al lado de las tunas, los mangos, los abanicos-palmera y las cañafístulas. Un árbol como una cascada roja creció en el centro del enorme jardín principal y cada tarde, en los crepúsculos de febrero, los zanates dormían en sus ramas entre gritos y aspavientos, y en octubre, cuando llovía incansablemente, las aves agoreras se movían con sus pequeños vestidos de liturgia fúnebre en las hojas machacadas.

No tardó mucho en triunfar la curiosidad: una tarde fue más allá de la fila de pinos, venció el quebrado descenso hasta lo que antaño había sido el patio de la fábrica y pronto estuvo dentro. Avanzaba por enormes pasillos atestados de hongos verdosos y musgo, el piso manchado de huellas, de papeles que alguna vez tuvieron algún significado, algún mensaje, en los rincones, tras un pestañeo, un golpe de viento removía hojas secas, bailarinas que habían caído desde las altas ramas. Cuando entró a la gran sala en la que en algún momento estuvieron las máquinas se decepcionó un poco: habían dejado solamente enormes mesas de hierro y nada más. En las mesas, en sus patas, debajo, las arañas de seda de oro habían fundado una colonia. Cuando alzó la vista hacia el techo, agujereado por las claraboyas, descubrió una inmensa red de seda de oro, las arañas se movían sigilosas en los rincones. Los obreros y las telas que arribaban en grandes barcos, siempre imaginados contra el espejo aceitoso del mar, habían cedido su espacio a las arañas de seda de oro, la fábrica seguía siendo una enorme maquila, ahora controlada por las néfilas.

Entonces observó, cerca de una de las claraboyas, a un pechoamarillo retorciéndose en la tela y a una araña de dimensiones jurásicas que iba envolviéndolo más y más. Lo recorrió un breve escalofrío y salió del gran salón de las telas. Avanzó por los corredores vacíos, por otros salones en donde había máquinas ya herrumbrosas. Las ratas habían seguido a las arañas, se metían bajo los sobros acumulados y en las máquinas olvidadas. Al final, cuando salió de nuevo al patio, se topó con el árbol de la cascada roja vuelto ahora un árbol más, sin nada que lo distinguiera bajo la llovizna. Al pie del árbol, apenas resguardados por los helechos, un racimo de murciélagos blancos abría los ojos. Avanzó sobre el barro. Había gatos también sobre las máquinas del último corredor.

La fábrica seguía funcionando, deseó incluso quedarse a vivir ahí.

Las noches serían noches animadas por las correrías de las ratas, por la guerra que mantenían con los gatos del corredor, las arañas estaban confinadas en la gran sala de máquinas y no abandonaban sus telas jamás. Su terror estaba encerrado en una cáscara de huevo. Aquí, lejos del corredor de la casa, del anodino crepúsculo que lo obligaba a permanecer quieto recibiendo señales apenas audibles de la vida, venían lanzas encendidas de todas partes, chocaban contra los párpados, se adueñaban de la piel. Podría vivir aquí, pensó, si tan solo no vibrara ya en el aire la

voz de mamá, la sucesión de letras que confor-
maba su nombre y lo invocaba más allá de todo
este exceso, dejar la laguna de los grandes sapos
cantores, aunque duela, adentrarse de vuelta en
la fila de pinos, en el corredor, en el último anochecer gris.

5

De entre todas las cosas que los intrigaban,
de entre aquella atmósfera a veces tan falsa que
contenía las ramas inamovibles y la tierra seca,
las laderas crispadas de pronto por la piedra o
los cuerpos erguidos contra el polvo, de entre
todo eso, lo que los había hecho tomar un bolso
y echar unas cuantas cosas y partir, alrededor de
las seis de la mañana, hacia el extremo, hacia la
posibilidad de disipar todas las dudas, había sido
la casa abandonada que yacía, según continuaban
diciendo los grandes, en algún punto más allá de
la catarata del río, y ellos sabían dónde estaba
la catarata y sabían cómo llegar a la orilla del
río porque muchas veces, caminando como hoy,
habían ido junto a sus mamás y sus hermanos a
visitar la orilla del río, nunca se bañaban, nadie
podía bañarse ya en el río, así que siempre se
quedaban en la orilla y sus mamás o quien los
acompañara se quedaban hablando largo rato de
lo que eran los tiempos de antes cuando todavía
una podía tirarse a las pozas sin tener que pensar

en la suciedad del agua, porque estaba sucia, el río venía desde el centro del valle y pasaba bajo calles transitadas y se perdía hacia su zona, y seguía sorteando obstáculos hasta llegar finalmente a ser un río más grande y luego ya nadie sabía, o al menos ellos no, ni habían escuchado nunca a los grandes decirlo, si se diluía en la tierra o se abrazaba con otro río más grande, que no había muchos, o llegaba a un punto de no retorno donde las aguas, enredándose, moviéndose en corrientes circulares y constantes formaban una especie de estanque turbio e inmenso poblado de basura y animales carroñeros, plantas secas y huesos helados, algo así podía ser el final del río, pero eso no importaba hoy, hoy había que caminar incansablemente con la mirada puesta en el final del camino, solo en el final del camino, solo ahí donde el asfalto dejaba de poner un sustrato bajo los pies y se abría la incertidumbre sepia y única de la maleza, ahí estaba el verdadero camino: la vieja casa desolada, la piscina estará vacía, dice uno, caminando al lado derecho del camino muy cerca del caño aterrado de hojas amarillas y barro, está hasta arriba de un agua verde en la que seguro viven sapos, dice otro, más al centro del camino, poniendo los pies en las líneas amarillas casi borradas del asfalto, y qué sapos, los animales crecen mucho más cuando nadie los ve crecer, dice, mirándose la punta de los zapatos, cuando nadie sabe que uno está vivo, eso hacen esos animales, pueden hacerse más grandes, y brinca a un lado de las líneas como si fueran las vías de un ferrocarril y en un instante la máquina hubiera aparecido, amenazante, bufando, se queda lejos de las líneas, alzando la cabeza, y se hacen más feos, dice otro, patea una piedra que va a sepultarse en los matorrales de la orilla, las cosas grandes son las más feas, de inmediato el último, que avanza detrás de estos tres, pregunta, ¿por qué tiene que ser más feo lo más grande?, el otro alza los hombros y se desentiende, siguen avanzando por la calle y pronto aparece el punto de no retorno, el punto donde el asfalto deja de estar para dar paso a la tierra y el polvo y las piedras sueltas, es un descenso estrepitoso sobre el camino que se va cubriendo cada vez más de maleza, los árboles que antes eran benévolos y lejanos son ahora gigantes de los que cuelgan otros árboles, dan esa sensación, y van formando entre todos una cobertura que la sequía del verano no ha podido hacer mermar, son hojas quebradizas cubiertas de una engañosa capa muerta que el viento mueve muy a pesar de ellas mismas, haciendo un ruido como de latas o papel arrugándose en una onda expansiva cada vez más lejana, en el descenso uno de ellos resbala, rueda aproximadamente diez metros hasta quedar prendido de un viejo tronco del que ya no surge nada, los otros ríen y él los insulta mientras se pone de pie e intenta sacudirse en vano la camisa, los otros se inclinan, se inclinan para no caer y cuando el descenso se transforma en una empresa prácticamente imposible se detienen para meditar: este es el punto exacto, de aquí no pasa la gente, la gente se queda en este punto alto y mira todo el monte que queda allá abajo, y en medio de ese monte, como ya sabemos, está la casa abandonada, estamos entre seguir y cumplir o entre quedarnos y ser de los mismos, ser del montón que vienen aquí y dicen que esto es el mirador y nunca bajan, cuántas personas habrán visto de verdad la casa y la piscina y cuántas personas sabrán cómo se ve de verdad, sabemos que los grandes son máquinas de mentir y por eso no hay que confiar en ellos, nadie como los grandes puede mentir sin parar nunca, deformando las cosas y recordando lo que nunca fue y pensando en hacer lo que nunca podrán, uno de ellos se chupa el dedo y luego lo saca y lo deja erguido contra el viento, ahora el viento será el camino, el viento, compañero de todo viajero, incorruptible y fiel caballo que no conoce los obstáculos, habrá de llevarnos a nuestro destino, el viento es a veces el único camino y no importa que exista la duda, la rama o la oscuridad, que sea la hora nefasta o sea la hora correcta, solo importa su aliento y su ley que lleva al que viaja a su final, siente, el dedo se torna frío, siente, cierra los ojos sin mover el dedo y los otros tres permanecen a la expectativa, ensombreciéndose un poco, tratando de desoír el vórtice o la voz del final.

6

Mi hermana y yo volvemos a pie del centro, en silencio. Al compás de nuestros pasos siento que todas las cosas tienen un revés repugnante y en esa repugnancia se queman, se pudren, mirando de vez en cuando la ondulada calle que nos lleva directo al cementerio o volteándome hacia donde hay un tenue olor de río invisible que cruje bajo nuestros pies.

El ardor de las cosas es más sencillo que la cavidad de un corazón, pienso.

Avanzamos y nada sucede más allá de esa ondulada línea, de las cruces blancas o despintadas que esperan a unos cien metros, luces encendidas en las casas que persisten en vivir como si no fueran parte de un planeta, manos, cabezas pensando en algo que las aleje de la muerte, el agua invisible cantando, vuelta una insinuación.

De pronto mi hermana me mira y dice que no debió hacerme caso, no tenía que caminar conmigo porque se está meando. Siempre ha tenido ese problema, siempre ha tenido que orinar en lugares impensados y en situaciones que no favorecen para nada el rito pasajero de orinar. Seguimos caminando, le pido que aguante.

Cerca del cementerio, desde un robusto árbol de mamón que siempre ha tenido forma casi esférica, casi perfecta a excepción de la enredadera que cae desde su copa y tapa casi como un velo uno de sus costados, emerge una bandada de aves diminutas y rojas que se dispersan entre los árboles vecinos: mandarinos, algún almendro, los mangos, las chayoteras que se arrastran por los patios. El celaje las hace resaltar en su colorido plumaje, de pronto rubíes, y pienso que sí es posible, como nos dijeron hace muchos años, que no sean aves, que sean corazones de muerto que huyen de la tierra reseca y busquen las ramas, corazones que se cubren de plumas para enterrarse mejor en el cielo.

Mi hermana les teme, me dice, con las manos en el vientre bajo, porque le recuerdan que alguna vez habrán de quebrarse sus costillas para dejar salir su pequeña ave roja.

Se pierden hacia sitios más oscuros. Sus ojos amarillos son anzuelos de almas, fosas cavadas en el aire.

Me dice que ya no aguanta. Le digo que no importa, siempre se puede orinar en el cementerio.

7

Solía ir hasta la fila de pinos y sentarme al pie de alguno de ellos, junto a las escamas pardas de sus troncos, y permanecía ahí durante horas. Una mañana o una tarde, no recuerdo cuándo, no recuerdo si de verdad fue así o si lo soñé o si nunca fue, me percaté de unos constantes retumbos que venían de afuera. Estaba en la mesa recortando dibujos de antenas, barómetros y veletas para mi tarea de ciencias. Cuando salí al corredor de atrás vi los pinos caídos, como si a una manada de reptiles gigantes les hubieran cortado el cuello y estuvieran desangrándose sobre la tierra.

Algo sobre los reptiles extintos y la niebla: por las mañanas, al menos en las mañanas de septiembre o de octubre, cuando amanecía todo nublado y llovía un poco, a las seis de la mañana o un poco antes, cada vez que mamá aparecía en el cuarto hacía un juego un poco macabro que me impedía seguir durmiendo: yo era un maniático de los saurópodos y tenía dinosaurios por todo mi cuarto y tenía más de veinte casetes para VHS sobre dinosaurios, y mi mamá, aprovechando la niebla, me decía que se aproximaba una inmensa manada y yo saltaba de la cama, corría hasta la ventana de la sala y me pegaba a ella, mirando hacia la blancura cerrada, hacia ese humo anónimo que se deslizaba sobre lo mojado, esperando a que emergieran los titanes, reviviendo desde el jurásico, y permanecía hasta cuarenta minutos en la ventana, hasta que la niebla iba cediendo poco a poco al sol que la llenaba de huecos.

Y habían cortado los pinos. Era el final de una época y el inicio de lo que hasta ahora, en mi vida, no se parece a nada. Tal vez fue esa tala minuciosa y letal la que me regaló para siempre la idea de que lo mejor sería dejar todo en escala pequeña, reducida, de provincia. En mí se aloja un pequeño retardatario, un mamífero obeso que no puede salir a la luz del sol.

Luego, con los días, empezaron a poner la malla destinada a sustituir la fila de pinos, y cuando la malla estuvo, una mañana, llegaron dos muchachos a pintarla. Trabajaban hasta las cinco o pasadas las cinco y yo estaba, después de mirarlo durante un par de días, enamorado de uno de los pintores, el más joven, de unos veinticinco años. Caminaba entre la maleza, ridículamente, paralelo a la malla, mientras él pintaba en un punto, y lo miraba y él me miraba sin mucho interés. No se detuvo nunca, no dejó de hacer su trabajo aunque yo caminara, durante una hora, paralelo a la malla, de un lado a otro, sin hacer nada más que caminar o fingir meter la mano en el zacate para recoger cualquier cosa. Estaba enamorado y pensaba, de hecho, que el pintor estaba enamorándose de mí. Me faltaba un poco más de perspicacia, un poco más de desengaño. Solo una vez me habló, cuando solté al perro que por ese entonces teníamos y lo usé como excusa para adentrarme en la maleza, muy cerca de la malla. El pintor me preguntó por el perro y yo palidecí. Su voz, áspera, me decía que el perro era lindo, que él quería un perro así, mientras yo seguía transparentándome. Esa noche soñé con él. Hablaba conmigo desde el otro lado de la malla, se reía conmigo. Entonces, un sueño bastante predecible, se sacaba el pene y lo metía por uno de los rombos de la malla para que yo lo tocara, entonces yo lo tocaba, sentía esa suavidad engañosa que solo el sueño puede hacernos sentir, y cuando me aproximaba a su glande, cuando por fin abría la boca para probarlo, todo se deshizo en la imagen inerte de mi cuarto en sombras.

No estaba dispuesto a dejarlo ir. Al día siguiente me puse en marcha con el perro, de nuevo, y no lo encontré, no había nadie pintando la malla. Esa noche, pensando que su trabajo había concluido, salí con una cuchilla y estuve dos horas en la oscuridad raspando la malla. Al día siguiente tampoco volvió y yo seguí teniendo el mismo sueño durante varios días hasta que me llegó la resignación. El pintor no volvió nunca. Fue como si con él, por fin, desaparecieran la hilera de pinos, su gramática fantástica, sus dinosaurios y todo se convirtiera en un terreno cercado y aburrido.

8

Casi siempre me da enojo vivir aquí pero no sé por qué a veces me gusta tanto vivir en un lugar donde no siempre se puede estar atento del mundo porque a veces me dicen que el mundo está muy lejos de aquí donde la gente se mueve y sonríe todo el día y conversa y no tiene por qué preocuparse si abre la alacena o corre la cortina del mueble de los enseres y se topa con que no hay sal o falta café y piensa entonces que el centro está lejos y que digamos que pasó un domingo no está la pulpería abierta eso es una situación extrema yo lo sé y la pongo a propósito para poder justificar o para poder pintar o para poder hacerme una idea de lo que la gente incluyéndome entiende por el mundo y entiende por un lugar en el que no se puede estar al tanto de él puede ser que tenga que ver con la edad puede ser eso que estemos todavía tan jóvenes que no sintamos obligación ni tampoco interés y mucho menos responsabilidad por las cosas del mundo pienso en el mundo y pienso en los edificios de inmediato como si el mundo fueran solo edificios y pantallas luego pienso en que no es posible que el mundo sean solo edificios y pantallas y atravieso la casa solo para preguntarle a mi abuela qué cree ella que sea el mundo y ella me mira como un poco preocupada por mí y me dice que el mundo es todo lo que nos rodea y agrega que lo creó Dios le digo que no me refiero al planeta ni al Génesis ni a Dios cuando le digo mundo sino a algo más sencillo más cómo decirlo ni idea yo le digo que para mí ese mundo son los carros y los edificios y ciertos olores que son solo olores de ciudad como la gasolina o el humo o el olor de todas las inmundicias ella me mira y se ríe porque a ella no le gusta la ciudad me imagino que se imagina la destrucción de Sodoma y las estatuas de sal la mujer desobediente y el ángel que todos querían violar se imagina que en la ciudad está la muerte y la perdición y todas las personas que viven ahí tienen miedo y de noche no pueden dormir por el miedo a las pesadillas y las balas perdidas ni modo busco mi respuesta en otro lado busco mi respuesta en alguien que quiera de verdad ponerse a pensar en qué es lo que se le viene a la cabeza cuando piensa en la palabra mundo tal y como te la dicen las maestras o las tías o los primos o toda la gente aquí y seguro que en muchos lugares más te dicen que ocupás mundo porque sos pollito porque sos demasiado ignorante demasiado pueblerino y te dicen entonces que el mundo está siempre afuera muy lejos y que lo único que hay para empacharse de mundo y dejar de ser un cholo ignorante es el tele y las noticias y leer periódicos o pagar dos horas en el café internet de la cuesta dicen que en el mundo hay ciudades con puentes inmensos y edificios que sí le chupan el ombligo a Dios de tan altos pero aquí hay cosas bonitas también y hay busetas que traen gringos y luego gringos que pasan corriendo en la tarde o en la noche y nos sentamos nosotros en la entrada de la calle y vemos a las gringas pasar por la calle y detrás de ellas dos gringos y nos saludan y saludamos y siempre queda la sensación de que nos están invitando a conocer mundo eso dicen las tías viejas que si uno se casa con una gringa se lo lleva a conocer mundo que si una muchacha una hermana de nosotros o alguna de la familia se enyunta con gringo se la lleva a conocer mundo por Dios cómo se conoce el mundo de verdad me tengo que casar con una gringa para conocer mundo las primas mayores se broncean en los techos de las casas cuando pega un sol hijueputa que tuesta todo lo que se encuentra y ellas se suben y se ponen mantequilla a veces en las piernas para brillar y se riegan encima en la espalda o en la panza una botella de Coca porque dicen que la Coca las deja como las mujeres del mundo yo quería buscar la respuesta yo quería que me dijeran entonces qué tenía que hacer alguien como yo para conocer mundo para que su mente porque dicen que el mundo abre la mente no estuviera siempre cerrada como los bombillos amarillentos de todas las casas fui al internet de la cuesta y pagué los trescientos colones por una hora y la pantalla de la compu tenía una foto de fondo como de un potrero liso y gigante no no es un potrero tengo que ser persona de mundo y sé que eso no es un potrero es una pradera leí pradera le dicen una pradera interminable que parece que se traga la pantalla aquí que yo sepa no hay praderas así el internet dura un poco siempre y pone un anillo azul que gira y gira o pone un mundo antes creo ahora no sé ponía un mundo o no es un mundo es un globo terráqueo lo que ponía busco la palabra MUNDO aparecen periódicos y cosas que no son lo que yo creo que es el mundo aparecen artículos de todo aparecen imágenes de ciudades carros cielos lunas aparecen personas cruzando calles aparecen relojes grandísimos aparecen personas bajando de carros largos y negros que brillan aparecen iglesias a las que entran de rodillas aparece una mujer en bikini aparece una mujer con dos tetas inmensas y peladas aparece un globo terráqueo sobre una mesa aparece un hombre alzando pesas aparece Juan Pablo II en un carro como una caja de vidrio aparece un mar que es solo un mar aparecen aviones sobre una pista de aeropuerto aparecen personas tomando fotos a los animales de un zoológico aparecen más edificios detrás de los que hay un sol amarillo y grandísimo ¡el sol del mundo! aparecen personas besándose y aparecen hombres de saco y corbata haciendo gestos de que hablan aparecen metralletas y revólveres aparecen más cosas y ninguna es el mundo aparecen teléfonos otras computadoras en la computadora aparece una foto del planeta aparece un grupo de motociclistas en medio de nada aparecen hombres de cuerpos bellos que tienen el color de la botella de Coca aparecen cruceros puentes colgantes en medio de bosques y cataratas aparecen delfines y tortugas y la lava que escupe un volcán aparecen botellas de plástico en el agua alcantarillas aparecen sábanas blancas encima de gente muerta aparecen cementerios aviones con misiles aparecen todas las cosas que puedo imaginar son el mundo y ninguna me dice qué es el mundo esto no es el mundo entra una señora muy vieja y paga los trescientos colones y se sienta a la par mía y busca algo y pone imágenes como yo salen estrellas galaxias planetas azulísimos salen planetas con seis o doce anillos salen extraterrestres ella pone la foto de un extraterrestre la hace grande y lo mira y me ve que la estoy viendo y me dice que ellos van a venir a destruir el mundo un agujero negro un planeta rodeado de piedritas son grandísimas me dice leí el otro día que eso mató a los dinosaurios pone arriba la palabra DINOSAURIO yo me voy ella se queda ahí y la señora que alquila las compus se lima las uñas en un banquito me voy el mundo es lo que tengo que encontrar para no ser siempre alguien inculto para no quedarme siendo esto que soy para que no me digan que estoy mal aquí donde no hay mundo vivo en un lugar tan feo pero no todo el mundo está en un lugar del mundo en el que no hay mundo si estiro la mano no agarro mundo agarro un mundo invisible mientras camino sé lo que voy a hacer sé que voy a salirme de aquí porque aquí no hay mundo solo los imbéciles quieren quedarse aquí solo los que no saben que afuera es donde está el mundo quieren seguir sentándose en las mismas bancas de siempre y viendo las mismas cosas de siempre yo me voy crezco y me voy para siempre para siempre me voy de aquí donde no hay mundo aunque a veces me guste aunque a veces extrañe prefiero irme los grandes se van los idiotas se quedan y yo no soy un idiota me siento con los chiquillos a la orilla de la calle y ya es noche y la noche está fresca les pregunto lo mismo qué es el mundo y se echan un poco como a reír y no me dicen nada mejor me quedo callado y al rato cuando nos escondemos para fumar hablamos mientras escupimos humo nos

quitamos las camisas y las guindamos en las ramas de los naranjos para que no se ahúmen vacilamos tirando humo entre las hojas vacilamos
pensando que somos hombres pero sí somos
hombres solo los hombres fuman yo soy más
hombre o voy a ser más hombre hombre de
mundo la noche pasa y pasa y hace un viento
frío que mueve todo subimos a las casas mañana
al cole luego a la casa luego al internet me
acuesto y pienso en dónde iré a morirme sí estoy joven pero tengo que morirme y yo lo único que quiero lo juro es morirme sabiendo qué
es el mundo.

Santuario

1
Marzo, abril

Toda la gente me ve raro porque cuido el balneario y los balnearios no necesitan que nadie los cuide. No es que cuide solamente, es que vivo en el balneario. Abro los portones a las siete de la mañana, incluso de lunes a viernes cuando no viene nadie o viene muy poca gente, y recojo las hojas secas y veo los senderos limpios después de haber quitado las hojas secas.

Mi casa tiene dos partes: la sala-cocina y el dormitorio. Cuando salgo por la puerta trasera —mi casa tiene dos puertas— atravieso un gran pedazo de zacate fresco, a veces engañosamente empantanado, sobre él vuelan zancudos y bichos alados, pequeños como restos de ceniza, y contemplo el enorme pinar, los troncos casi negros que a veces moja la lluvia, cargados de rastros lilas, brillantes y rugosidades interminables, sus agujas y el suelo cubierto de ellas, marrón encendido, casi anaranjado a veces cuando se despeja el cielo y lo acapara un atardecer: en esa penumbra malva, húmeda, suelo reposar desnudo.

A cincuenta metros de mi casa está la piscina grande, ovalada, rodeada de palmeras. Sobre las frondas de las palmeras —amarillentas y verde oliva, con abejas negras y cáscaras— emerge el trampolín de cemento con sus cuatro niveles. A veces, desde mi casa, mientras escucho cuerpos chapotear, veo que alguno sube hasta el cuarto nivel del trampolín y salta y provoca el silencio, tal vez porque trae de nuevo al suicida, cuya breve historia pronto vendrá.

El fondo celeste y los destellos de luz en su telaraña, surcando nerviosamente el agua, libre de toda presencia en ciertos días en que nadie viene, nadie cruza los portones. Y me detengo a la orilla de la piscina grande —descalzo, desnudo, erecto— y hundo mis pies con mis propios nervios en la nerviosa soledad del agua y me masturbo en nombre del fantasma: al sumergirme después de eyacular sobre las ondulaciones y destellos he visto cómo desciende el remanente hasta el fondo, donde él mora, y se queda quieto como una hebra calcárea que lentamente muere.

Sombrillas desgarradas que olvido quitar de las mesas de concreto. Como si hiciera falta más sombra, más humedad que la regalada por los higuerones y nances. Camino por los senderos con mi carretillo lleno de hojas, el rastrillo apoyando su garra sobre las hojas y su extremo sobre mi hombro, a veces silbo. El viento silba y yo silbo, pechoamarillos y viuditas lo hacen también: copulan enfebrecidos como los adolescentes que nos visitan. Así los encuentro de pronto, bajo las hojas de los tabacones, usurpando el tránsito de las hormigas, los dos desnudos, ebrios: el olor del alcohol mancha el aire y llega hasta mí: las bacanales del balneario. Lustrosos vellos púbicos, pezones oscuros entre los dientes y el aroma de las hojas maceradas, la humedad que pasa de la tierra a sus entrepiernas, todo mientras miro sin querer que lo sepan: los costillares que suben y bajan con la respiración, una respiración primero acelerada y luego, tras los gemidos que apagan los pájaros cómplices, acompasada por el peso del alcohol y el cansancio. Al lado de uno de ellos, cuando ya duermen, veo una caja de cigarros y un encendedor. El otro babea, apacible, sobre el pecho de su amante.

Días en los que me quedo sentado sobre el zacate, cerca de la ovalada piscina pequeña: un resplandor celeste que alberga gritos y risas en potencia, un torrente de luz hacia lo profundo de la tierra o un espejo que roba bancos de niebla. Escucho saltos en el agua, risas, murmullos de conversaciones. Mi boca no se abre nunca, ni siquiera se abrió para decir gracias a Cecil, cuando Cecil vino a mí. Declive de luz, ráfagas frías, los zanates empiezan a invadir los higuerones y laureles. Me levanto y todo el mundo, como si se levantara el verdugo del reino para subir al cadalso, abandona el agua y camina en perfecta fila, zompopas que arrastran trozos de flor, hacia los portones del balneario.

Cecil vino a mí como en un sueño mucho antes de que lo viera llamándome en un sueño. Me estaba extasiando sobre el zacate, inmóvil y casi vacío, embriagado de risas y murmullos, el sol lacerándome la piel, y entonces apareció: vi su figura trepando por la escalerita del trampolín de la piscina grande, lo animaban desde abajo. Subió directo al cuarto y último nivel y el sol, ese sol que me quemaba vaciándose sobre las colinas amarillentas y los potreros nutridos de soledad, le dio en toda su carne, sólida carne, su pecho y su carita pecosa, elevándolo a la luz como hacía con las copas de los pinos en el pinar interminable. ¡Cecil!, lo llamé, ¡Cecil!, porque vino a mí ese nombre, su nombre. Y cuando murmuré lento cecilcecilcecil muy bajo, dos veces, él se detuvo en el trampolín y me miró desde lo alto, me miró mirándolo desde mi retiro en la hierba. Sonreía, me sonreía y me estaba mirando porque el sol llameaba en su rostro y se dejó caer al vacío saludándome con una mano y entonces hubo gritos. Corrí en dirección a la piscina grande, crucé las palmeras que la cercaban esperando encontrar, sobre el cemento de los bordes, el cuerpo de Cecil ensangrentado y la sangre escurriéndose también lentamente hacia lo profundo del agua. Pero no había nada. No estaba el cuerpo de Cecil, pero tampoco había gente, no había ni un alma en todo el balneario. Era un martes, recordé, claro, los martes no viene nadie, ¿y las palmas y los gritos y mi embriaguez de otro tiempo? Recorrí los senderos y los campos verdes, las mesitas de cemento, las sombras de las ramas bajas, los recintos sagrados para la masturbación en las fiestas, los baños también los revisé y revisé mi casa y me adentré, al final, en el pinar. Sobre mí, más allá de las últimas hojas agudas, semejantes a fósiles largos de lo que antiguamente fueron libélulas, parpadeaban las estrellas. Un viento frío recorría las superficies, las del agua y el concreto y las hojas, besó todo mi cuerpo ese frío y lo dejó inmerso en la noche, trajo consigo la noche como si sobre el sol desplegaran una sábana gruesa, lúbrica. Una noche oscura, fosforescente la noche del pinar. Luces rápidas, no carbunclos, luces rápidas, palmas de fuego blanquecinas, orugas vaporosas, surgían de pronto y desaparecían tras los troncos. Decidí correr, volví a casa con el hocico abierto, la lengua cayendo hasta recoger agujas de pino: él había venido a mí ese día.

2
Mayo

Cecil, mi amor, el suicida. En su nombre, cada vez que alguien salta del trampolín, se guarda silencio y se cierran los ojos. Pero yo sé más que los que guardan silencio y se susurran al oído, en las tardes calurosas, la historia del muchacho que se mató en la piscina grande, años atrás. Porque desde la muerte vino y volvió a morir, y me llenó de vida.

Este balneario será un santuario, su santuario, pensé entonces. Y busqué en los rincones de mi casa la cadena más grande y el candado más grande, y caminé hasta los portones que seguían abiertos. Vi las columnas blancas coronadas por leones de concreto, leones comunes, leones deformes, mal hechos, que a partir de ahora serían sus guardianes. Cerré los portones y puse la cadena, clausuré la entrada para siempre. Desde entonces todo lo mío, lo que soy, solo a él le pertenece.

Era un camino rodeado de protuberancias enormes, reverberantes bajo un sol demasiado cercano. Por un momento imaginé que avanzaba, desnudo, descalzo, entre inmensas torres de piedra esplendente, marmoleada. En sus cimas descansaban las aves de rapiña y descubrí que mi cuerpo se había llenado de pústulas y que en ellas nadaban gusanos. Y sentí plenamente el dolor de la enfermedad y arranqué, con mis dedos aterrados, un gusano de mi propia cosecha y probé su entraña agridulce. Me entregué al llanto, pero entonces vino su voz, *guardián, mi guardián*, decía, *mi pequeño guardián*. Y otra vez nací a la noche del santuario, limpio. Salí a la noche y caminé desnudo hasta tenderme entre los troncos de los pinos y ver el cielo de frente. Una esfera de ojos metálicos que se agrandaban y retrocedían en un juego tímido. Rastrojos de orugas vaporosas comenzaron a emerger de la tierra, trozos de luz o de carne muerta o de materia sin nombre recién aparecida, y empujaban mi cuerpo hacia el cuerpo del cielo mientras yo, débilmente, susurraba su nombre aunque no apareciera más. La oscuridad era una seta venenosa y yo continuaba en soledad, mi cuerpo pidiendo ver de nuevo a Cecil y su cohorte fantasmal, rogando amor y placer, rogando a un dios.

Una tarde escuché voces y gritos en los portones clausurados del balneario, gritaban mi nombre, que nadie sabía. Entonces lo sentí, a Cecil, vibró en el aire tenso y gris como una piedra que destrozara un vitral y me pedía que por favor no lo abandonara, que no entregara nuestro santuario. Llevé conmigo el rifle que tenía desde siempre, desde el inicio de mi guardia y mi vida, para mis rondas nocturnas. Oía los gritos que pedían mi cabeza y vi, al final del sendero, las luces blancas de las linternas, desprendiendo una especie de vapor que atraía a los insectos, las hachas y machetes y martillos con los pretendían molerme para entrar en el balneario sellado. Había sequía y el balneario, el oasis, les había sido arrebatado, me gritaban que tenían derecho a usarlo, la vida que deseaban conservar a pesar de la sequía les daba derecho a usarlo. Un hombre chato, de cara enrojecida, logró alcanzarme con una piedra a través de los barrotes y caí de espaldas, el pómulo sangrando. Les dije que el balneario ya no existía, no existía nada: ahora todo era un santuario. Todos empezaron a reír mientras me ponía de pie y, en ese momento, dos muchachos saltaron al portón y empezaron a escalarlo y los animaban y había gritos. Entonces alcé el rifle y le disparé a uno y luego al otro, los gritos que los animaban se volvieron gritos de pánico y parte de la muchedumbre se dispersó. Los cadáveres quedaron tendidos con humeantes agujeros en el pecho y el estómago, boqueando sus caras incrédulas en un charco de sangre que brillaba más que las linternas. Repetí que nadie, jamás, entraría de nuevo en el balneario. Huyeron los últimos y nadie quitó de la entrada, nunca, los cadáveres. Los desnudaron los zopilotes y las alimañas y quedaron, como mudo relato ejemplar, los huesos blanqueándose en el tiempo eterno del santuario sellado: como el clima tormentoso de mi sueño con torres, adornan y repelen.

Esa noche de sangre, lloviznaba.

3
Tiempo de aguaceros

Su cuerpo aparece troceado, siempre en partes, nunca completo, no existe lo completo, no existe lo claro, no existe directamente su cuerpo o su olor, su brazo se muestra entre las hojas del higuerón más grande, solitario entre moscas verdes detenidas, llamándome, invocando a su guardián, y acudo y miro el brazo entre moscas verdes detenidas, y sonrío feliz, agradezco, y el brazo se va, arrastrándose lentamente, caen

las lluvias, torrenciales aparecen en un cielo que
rara vez deja entrar sol hasta los pinos, mientras
Cecil se desmorona, se desmiembra y aparece
ante mí como las piezas de un mapa, lenguaje de
Hänsel, olvidos pequeños que me llevan hasta el
sitio que en la muerte ocupa su sangre, dispersa
su sangre, el olor ferroso, encendidas amapolas,
me lleva hasta sus partes, sangre que los aguaceros movilizan a través de la hierba cada vez más
robusta, más alta, son ahora verdes las torres del
sueño, hilos carmesíes, platinados, viajando por
troncos y nervaduras, como si la lluvia fuera una
inmensa, desplegada red de arterias, sangre de
la sangre, y puedo correr al exterior, al campo
difuminado por el blanco plomo de las nieblas
invernales, y mi boca está abierta para recibir
tanta sangre llovida, corro bajo la lluvia hacia
el pinar encendido de sangre, cabezas de alfiler
de alfileres clavados en la almohadilla coagulada,
riadas opacas anegan mi lecho de sílice y arriba,
como si fuera el castigo de un traidor cuya cabeza clavan en una lanza, en las ramas cortas de los
pinos, multiplicada, la cabeza de Cecil me mira,
sustituye las bellotas, las agujas, y recojo para mí,
en frascos de vidrio, el almíbar alquitranado que
desde su boca mana, de las tierras empantanadas
entre lirios y sapos emerge su pene cubierto de
barro, como un hongo maligno y delicioso, y
chapoteo en el barro, salamandra, sentándome

sobre él y lo siento crecer dentro, y Cecil me habla y dice gracias y repta dentro de mí, repta y me rompe y sangro sobre su glande pantanoso, por él sufro y lloro, caen lluvias como de jade, las frondas se mueven anquilosadas al viento y el agua, mi amor agradece y le entrego mi cuerpo, toca la vida con mis dedos, oye a través de mis oídos, come a través de mi boca, caga a través de mi ano y me muestra sus partes a lo largo del campo, anulando el tiempo, la vida y la muerte sin membrana, todo en suspenso bajo el lodo, y me ayuda desaparecer, me ayuda a desvanecerme con los aguaceros, aprender de los gusanos y las moscas y los pájaros de hierro que solamente reposan en una ramita cuando sopla la tormenta y quiebran los rayos, semejantes al hierro del pararrayos, imperturbables como mi amor, mientras él vive y muere una vez y otra vez y yo, muerto y vivo a través de sus repeticiones, lo veo morir cada vez y cada vez vive y sueño su llamado desde el fondo del camino, el sol muy bajo, los huesos bajo el sol muy bajo, un sol perdido, olvidado astro, las pústulas no están pero permanece el dolor en mí, porque estoy abierto, sangro y babeo abierto, un saco de vísceras derramadas en un rincón del balneario, mi pequeño guardián, guardián de mi vida, y de ese vacío vuelvo al aire para ser lluvia.

Fragmentos de un final frente al mar

y no era la playa que se había imaginado siempre, luminosa y llena de pájaros, la playa en la que
debían flotar en la distancia, como lo hacían las
plumas caídas un momento en el aire, los veleros diminutos que reposaban, endebles, dentro
de las botellas de vidrio, resguardados con recelo
por su papá en un mueble de madera con repisas.
Tampoco era la playa en donde la arena blanca
se cubría de una inmensa enredadera que hacía
florecer encima de sus hojas las corolas encendidas, atrayendo minerales mariposas. Era una playa
sucia y gris, de soplo muerto, una brisa pútrida:
dos gaviotas encima de un tronco oscuro encallado en la arena parecían ser las únicas aves en
aquel lugar. Había detenido el carro justo donde
se acababa el camino sin asfaltar y comenzaba la
incertidumbre mineral de la arena. Las olas rom-
pían lejos, con fuerza, en un declive cuyo fondo
no alcazaba a ver, le llegaba solamente esa última
exhalación del agua, el rumor deshaciéndose en
el estallido de la espuma. Imaginó una espuma
desagradable, espesa, amarillenta, arribando como
un animal enfermo que vomitaran las aguas: sabía que animales marinos enormes morían en la
costa, se deshidrataban y se volvían piedra, una
materia porosa, en medio de lamentos que no entendía ni la tierra que los había

no conocía la playa ni conocía el mar, no sabía lo que era hundir sus pies en el agua y sentirla escapándose entre los dedos o brillando en la mano un momento antes de escurrirse. No conocía la playa ni conocía el mar, pero su abuela siempre le hablaba de la playa y no de cualquier playa o de una idea abstracta y general de lo que era una playa, sino de esta, de la que tenían a media hora de la casa y que jamás hasta ese momento había visitado.

A unos veinte kilómetros por la carretera vieja que poco a poco se iba transformando en un camino débil de rocas que emergían abruptamente, como cortando el paso del

tiempos difíciles y se notaba. La casa se había llenado de polvo y se había puesto súbitamente endeble, como si ya sus vigas y sus paredes encaladas que comenzaban a resquebrajarse hubieran cumplido definitivamente con su vida útil. Las oía respirar continuamente, de pie en la cama, en las sombras tenues de un amanecer que

La llevó al segundo piso y la sacó al balcón y le señaló, por encima de las copas de las palmeras de coyol, una raya que fulguraba en tonos de rojo que iban creciendo expansivamente, mientras todo lo que se oponía a esa fulguración se iba transformando en una mancha opaca y sin vida.

Se despertó en la luz gris. Ramas de árboles cenicientos, de pie apenas por la costumbre, se recortaban tras los vidrios sucios de las ventanas. El bamboleo del carro sobre el camino la hacía ir de aquí para allá en el asiento trasero. Sentía la boca seca y las yemas de los dedos habían comenzado a abrírsele. Un olor salino, a mar, el rugido del mar demasiado cerca, casi paralelo al sonido de tuercas y resbalones de neumático sobre piedra suelta. Vio el pelo de su abuela por encima del respaldar del asiento del conductor, luego se enderezó en el asiento trasero y oyó su voz de garganta quemada por ese mismo paisaje preguntándole si estaba bien, si estaba más tranquila. Le dijo que sentía la boca seca y que los dedos le dolían muchísimo, estaban sangrando por aberturas parecidas a grietas surgidas en la carne de las yemas y su abuela le dijo que pronto no iba a sentirlas, pues

Detuvo el carro y apareció la playa devastada y monótona. Por fin, la playa. El sacrificio.

Las aves en el tronco. El rumor de la espuma a lo lejos, bajando por un declive de guijarros coloridos, sendas brillantes de caracoles aun en medio de la basura, pedazos de madera pulidos por la lengua de la profunda oscuridad. Montones de plástico. Siguió a su abuela a través del paraje desolado. Sentía dolor y no era la playa que se había imaginado siempre, luminosa y llena de pájaros, la playa en la que debían flotar en la distancia, como lo hacían las plumas caídas un momento en el aire, los veleros diminutos que reposaban, endebles, dentro de las botellas de vidrio, resguardados con recelo por su papá en un mueble de madera con repisas.

El sol, una ranura blanquecina entre las nubes lechosas como el agua revuelta, el agua revuelta por completo a veces negra, aunque lechosa en cicatrices, tramos, cargada de basura y peces muertos, que se reveló de pronto cuando tocaron la punta de la duna.

Porque a lo largo de la playa había también ruinas de casas de madera. Anidaban cangrejos y

Llegaron al declive final, justo donde la arena se hundía para siempre en el agua pútrida y pudo ver cómo entre las olas cargadas de basura se movían cuerpos agrisados, llenos de aletas y espinas largas, cuerpos veloces que apenas podían verse un momento, raudos, como un destello platinado en aquel sol del fin, era la última luz. Su abuela se detuvo y cayó de rodillas en la arena mojada ya, sus rodillas se hundieron un poco, estaba ojerosa y también tenía incisiones en la carne, rajadas que parecían haberse originado en la pura presencia de lo seco. La piel iba tornándose a tramos una capa gris, algo parecido a las corazas abandonadas después de una muda de piel.

—Tenés que entrar —le dijo su abuela, de rodillas.

Ella se volvió a mirar el mar. Un rumor venía del mar, una especie de grito agudo y continuado, como un lamento que era a la vez una amenaza y una invitación. Los cuerpos veloces seguían moviéndose y creyó ver, en el montículo espumoso de una ola, un enmarañado puño de tentáculos retrayéndose entre la basura.

Aparecidos

Cuenta mi abuela que tía Fela, una mujer que nunca conocí, hermana de su papá, a quien sí conocí, a quien llegué a ver en su ataúd sangrando por uno de sus ojos y me dio la primera lección sobre temperamentos sombríos y rituales mortuorios, padecía infinidad de dolores y molestias. Ella la acompañaba, recuerda las tardes en que tomaban café juntas, en la casa de madera de tía Fela, como un cascarón lleno de soplos fríos detrás de las puertas. Una mujer sola, enferma, que murió hace más de cincuenta años, me dice, recuerda. En medio de una de esas tardes, en medio del olor de algodón mojado en alcohol y manzanilla secándose en un pocito al fondo de una taza, tía Fela le contó algo, un secreto menor. Tiempo después murió. La velaron en su casa, a solas, los concurrentes se inclinaban un poco, cerca del ataúd barato con arreglos encima, algunas flores apenas, y mi abuela, al llegar al velorio y ver el ataúd, sintió miedo, un miedo enorme, horror de saber que dentro de esa caja reposaba el cadáver de la mujer que le había contado, hablando bajo al oído aun cuando estaban solas en el cuarto cargado de miasmas, como si las escuchara algo en algún sitio, aquel secreto menor. Volvió en sueños, cuenta mi abuela, y la hacía gritar como una loca en las madrugadas, la veía acercándose por un camino de maleza seca, con un ramillete de margaritas en la mano o escobilla para amarrar en un palo con alambre, la veía venir sin nada debajo de sus vestidos amplios y sus delantales descoloridos, sin piernas ya, desplazándose sobre las inflorescencias del monte como lo haría una mariposa. Hubo un sueño en donde mi abuela se desesperaba por escapar y corría para no ser alcanzada por tía Fela, corría hasta que un paso en falso la hacía caer en medio de la milpa destrozada y aparecía ella, sin sus piernas, con la cara que jamás pudo ver bien en los sueños, extendiendo sus brazos para levantarla, provocándole un pánico ahogado que la hacía volver a la vigilia llorando. Pero hubo un final, hubo un sueño último en el que estaban en una casa grande, tal vez conocida, y mi abuela estaba sentada en una cama, en una cama ajena, y en el quicio de la puerta de ese cuarto ajeno aparecía ella, no tenía nada debajo de la tela, ni siquiera sus brazos, ni rastro de sus piernas, solamente esas prendas que se movían con ella en el desvanecimiento de los muertos.

—Mirá, se te cayó un arete.

Le dijo tía Fela, y lo levantó de alguna manera del suelo con sus brazos inexistentes y al ponérselo en la oreja susurró como habría susurrado en su lecho de muerte, días antes de su muerte:

—¿Usted le contó a alguien aquello?

—No —dijo mi abuela— a nadie.

—¿Ni a su mamá?

—No, ni a mi mamá.

Y la vio salir del cuarto ajeno, moverse por la casa con una gracia extraña. Avanzó de nuevo por el sendero seco, pasando encima de las margaritas y el monte y volviéndose polvo para no volver en sueños nunca más.

También estuvo el esposo de su hermana, claro, que falleció de pronto en una madrugada calurosa: cuentan los suyos que cuando encendieron la luz, alertados por un ronco silbido, el hombre estaba ya purpúreo y con la cara hinchada. No había nada que hacer. Eran las cinco de la mañana cuando la noticia corrió en la familia, de puerta en puerta, de ventana en ventana, se desataron los lamentos progresivamente, el impacto de la sorpresa, las preguntas elevadas al silencio de Dios, sobre todo tratándose de un servidor tan fiel a su iglesia. A las dos de la tarde volvió en su caja, con sus arreglos de flores, con su cohorte de dolientes, para estar una última noche en el mismo lugar en que había pasado la última noche de su vida, horas antes. Al día siguiente yacía bajo tierra. Por la noche, sin embargo, aunque no podía precisar qué hora era porque todos los relojes parecían haber alzado vuelo, el muerto entró en su cuarto, el cuarto de mi abuela, y se rio de ella al pie de la cama, se burló de su forma de dormir. Llegó la mañana y no le dio importancia, un sueño cualquiera. Pero el segundo, el tercer, cuarto y quinto día volvió a hacer lo mismo y ella no tuvo más remedio que vencer el peso del cansancio y acodarse en la cama para intentar hablarle, aun en la burbuja de la ensoñación, y decirle que sentía mucho su muerte, que todos lo sentían, pero era demasiado poco lo que una mujer como ella, tan temerosa de los caprichos de los espíritus, podía hacer por él. Despertó en la mañana sin ningún recuerdo, sin el muerto, sin sus palabras. En algún momento de la tarde, tampoco puede precisar la hora exacta, no han regresado los relojes, me cuenta, pasó en una especie de suspensión del equilibrio de la vida, lo vio despedirse desde el rosal del patio como solía hacer cada mañana cuando salía a tallar madera, sonriendo. Había una bandada de zanates moviéndose y graznando en el cedro desnudo.

Podría reconstruir minuciosamente el día en que se suicidó tío M., un hombre al que apenas recuerdo, como si fuera una excrecencia alucinatoria, barbudo y fumando, bailando, intentando que todos se rían de sus chistes. No lo conocí bien pero marcó para siempre mi vivencia de la muerte. No interesan los pormenores que sirvan para rehacer narrativamente el día en que decidió consumar su muerte, no interesa intentar esa reconstrucción minuciosa, interesa solamente su fantasma, vivo para mí. Porque lo temí y lo imaginé a partir de los relatos de los otros, del llanto desesperado de mi papá y mi tía, de la asfixia que se siente repentinamente cuando alguien habla de un ahorcado, alguien cuyo rostro quedó deforme, cuya lengua hipertrofiada colgó secándose en el aire del recinto que lo vio agitarse para no morir a pesar de querer morir, alguien cuya apariencia extraña no pude clarificarme nunca, que me obligó a imaginar una y otra vez y que me ha invadido de tal forma que estoy convencido de haber sido yo quien lo encontró muerto, meciéndose: la noche del suicidio soñé una casa llena de puertas y pasadizos que daban a puertas y pasadizos, recintos con más puertas, ventanas que chocaban con paredes o pasillos o puertas, y en un momento determinado, al empujar una de las millones de puertas chocaba de frente con el cadáver de tío M. y corría, otra vez, sin saber qué hacía o hacia dónde iba, abriendo puertas, a través de salas rodeadas de puertas, ventanas que eran puertas, pasillos con luces parpadeantes al fondo, y todo me hacía volver al punto del que había huido, al cadáver. Alguien dijo que había provocado la muerte de todos con su muerte, y yo imaginé un filo cortando en ondas expansivas. Años después lo llegó a ver mi abuela paterna en el quicio de una puerta, por la noche, con las luces apagadas, y aunque tío M. no le dijo nada ni la saludó, ella dice que está mejor, que incluso se le borraron las marcas del cuello.

Había una mujer que por la noche escuchaba siempre risas en la casa, sobre todo en la cocina. Pensaba que lo mejor era dejarlas estar, no levantarse y cruzar la sala y el pasillo que daba a la cocina para ganarse la turbación. ¿Quiénes reirían en la cocina? La devoraban el temor y la curiosidad. Vivía sola en aquel entonces, en una casa de madera, sencilla, con un jardín amplio que crujía bajo el viento, mudando sus colores de acuerdo con los meses. Una noche, mientras oía el radio con las luces apagadas, en la sala, las risas fueron carcajadas, casi gritos, y no pudo más. Se levantó y atravesó el pasillo que llevaba hasta la cocina y sin encender la luz, apenas guiándose por el resplandor que entraba desde la ventana, vio tres viejas desnudas que reían y conversaban animadamente en la oscuridad. Las tres se volvieron a mirarla cuando ella apareció en la cocina, haciendo silencio, y no dijeron nada. Ella volvió a recorrer el pasillo, llegó a la sala y subió el volumen del radio, y cerró los ojos y las risas volvieron. Se sintió feliz, reconfortada.

Apuntes sobre una región todavía por contar

Para I.M.

Una vez que rompen los vientos, al despuntar diciembre o ya casi en la tercera semana, se instala con ellos una luminosidad impúdica que otorga cada cosa a los ojos del caminante. Parecen abrirse las bayas o las flores, todo lo que permanecía escondido bajo corazas o blandas capas de tegumentos emerge al día y se disipa en el viento que insiste. Hasta abril la luz no se detiene, dejando tras de sí el rastro polvoriento de su permanencia sobre el valle. Hermanada con el viento, la luz se encarga de rejuvenecer cada hoja, cada piedra —el sendero solitario que se abre paso al costado del camino usualmente tomado por los caminantes que, lejos de las montañas a veces nubosas, se adentra en una planicie cubierta de un pasto alto que sobrepasa fácilmente a una persona adulta, muestra bajo el hechizo de esa luz la verde consistencia que tomó en los meses de lluvia y con el paso de los días, bajo el cielo desnudo, mostrará los quiebres y los tonos levemente tristes del calor, tiñendo la planicie de flores largas, fucsias, como trompas de insectos que reposaran en su ondulación, todo sucediendo en una especie de cementerio hecho de los tallos todavía erguidos, apéndices muertos de los nudos palpitantes que

100

se mantienen bajo tierra, ungidos por el agua que añoran en el viento los despojos—, todo adquiere la dimensión de la presencia indiscutida, cuerpos quebrados en los charcos de luz que atraviesa el ramaje añoso de los espaveles y guácimos para tocar la tierra cartografiada solamente por la marcha de las hormigas. Imaginar el estallido de la ventisca como un nudo de corrientes o una confluencia de hilos invisibles que se tensan en todas direcciones y acaban por tensar la unidad del origen. Luego las rocas altas que perviven entre raíces, humedad y plantas secas, formando todo ese paso de curvas complicadas y precipicios artificiales que son apenas pozos de sombra, engaños de la distribución de la claridad, cuya voz es recogida por el viento que nace y las atraviesa como un recuerdo salido de la geografía amarga que en la luz, como en un espejo, se siente y se mira todas las laceraciones y oquedades. Los vientos ingresan a estos parajes desolados a través de esas gargantas engañosas, abiertas, sorteando las honduras y las desnudeces, las extensiones llameantes de sed, los pocos senderos por donde se aventura alguien algún día, de pronto, sin saber si volverá o dónde llegará una vez que lo toque este viento y penetre por sus oídos como por otros túneles de otra geografía engañosa, de otro sitio lleno de traiciones y despoblados y sitios sin holladura, ecos apenas de lo que fue agua en un río ahora invadido por la sequía.

Sol negro de las aguas y un lamento de pies astillados, de oscuro manto que va recorriendo venas como raíces y esa boca que besa la tierra, que parece conocerla. Pero luego viene la duda, un torrente que burbujea desde el fondo del agua sepultada, ese mundo en donde se cree no existen más que pieles translúcidas como el agua y guijarros igualmente henchidos de claridad entre todo lo opaco, la duda que enciende con un baño de flechas y fuegos la lapidaria presencia de la luz en los más recónditos pasos de una región todavía por hacer, contar, definir. Hay animales hechos de esos despojos suaves que todos los pinares dejan bajo el manto visible a las aves, animales que mientras dura la noche arden enloquecidos corriendo bajo la capa vegetal, resplandeciendo mudos en su búsqueda de las gargantas secretas que desembocan en el agua de los pulmones subterráneos. Desde lejos, del páramo, se ve cómo bailan en la montaña seres hechos con hojas muertas, cómo lanzan hacia los manchones de bosque sus ásperos movimientos y encienden llamas a veces, incendiándose a sí mismos: recuerdan al arder la silueta vacilante, roja carmesí, de un pez que habita los acuíferos de la luz.

Y al fin están frente al caminante, dado a morir en la desolación, las ruinas de la Mansión del bosque, prueba de que alguna vez hubo habitantes aquí. Al fin sus pies pisan más allá de las puntas de lanza que alguna vez resguardaron la vida que bulló detrás de las paredes. Los grandes portones quedaron abiertos y están tomados por las manos de la espesura, llenos de campánulas moradas que se cierran al sentir dentro de su delicadeza el rasgueo de una mosca. Todo el arsenal de verjas que protegía la casona está perdido, asoman en tramos, como ahogados que se impulsaran desde un sustrato inútil para ver solamente por un instante un jirón de cielo que persiste y caer de nuevo, en picada, hacia la penumbra. Así, las puntas emergen de tanto en tanto desde el nudoso cuerpo. Una inflorescencia difuminada de pétalos blancos y polillas grises, hechas de tierra, de ceniza. El caminante sabe en este momento que ha tocado fondo, este es su fin, no hay senda que lo guíe de regreso, el corazón de la región abre sus fauces conforme se acerca a las ruinas. Vidrios que alguna vez detuvieron la respiración de un ser atormentado hoy miran opacos cómo se acerca la silueta del nuevo ocupante.

Torrentes de murciélagos. Interminables vuelos retorcidos entre farallones y rocas lisas, siempre alejándose de la senda del caminante hacia los paisajes de la noche. Torrentes de murciélagos contemplando a un bípedo sin alas que busca desesperadamente la matriz del silencio.

La torre

1

Quedó junto a la casa en un promontorio de
tierra arcillosa que todos los veranos, al sobrevenir la sequía, pasaba a ser un montículo de
polvo rojo. Los niños espiaban la torre desde la
ventana de la cocina y, al verlos, mamá guardaba silencio.

2

Esa mancha rojiza en las paredes blancas de la
casa, esa mancha tan de herrumbre, esa marca
del paso del tiempo que mamá atribuía al polvo
rojizo del promontorio, no era solo el polvo, los
niños lo sabían: era la sustancia de la torre, su
sangre, su vida que se iba desgastando. Imagina-
ban el tamaño que podía haber tenido antes de
sangrar tanto y formar su propio mausoleo. Estaba enterrándose viva, pensaban ellos, erigiendo
su fosa contra el cielo límpido y vacío.

3

El tiempo y la nube desenredaron su ovillo
y nacieron las lluvias. Los niños más confina-
dos que nunca a las cavernas de la casa, ahora
en exceso nocturna, llena de fanales. Les apareció vello en el pubis y en las piernas. Dejaron
de contarse cosas sobre la torre y prefirieron,

muchas tardes, muchas noches, esconderse tras las puertas cerradas.

4

La torre también cambió. Se forró entera de hojas y zarcillos, de flores lilas que parecían gajos de plumas o copas de agua. Bajo la insistente llovizna resguardaba golondrinas. Resistía las tormentas erguida bajo la enredadera y brillaba como si su cuerpo aceitara jade.

Mamá también cambió. Cambió tanto que la encontraron sin brillo en la mesa de la cocina. Bebía café, sola. Los niños se miraron por sobre el cadáver que olía el café caliente y guardaron silencio, se escabulleron para resguardarse en la espera del sol.

5

Se desbordaron las riadas. De la torre y la enredadera llegaban cantos y destellos.

106

Mutilación

Contaron historias del tío recién muerto cuando llegamos del cementerio. Ninguno lo lloró. Tenía setenta y seis años y se enfriaba las cervezas en la correntada del río, prensando las botellas entre las piedras. Una noche volvió a su casa del bananal, había estado tomando durante el camino, empujó la puerta y vio —enredadas las sombras con las vigas y las paredes, remiendos de latas y viejos trozos de madera tomados por el comején— una bola de pelo negro que corría hacia su catre. Sacó el machete que guardaba en su funda tras la puerta y golpeó dos veces la tierra, fallando. El alcohol subió desde el estómago y le brincaron hilos ácidos hacia las comisuras. El próximo golpe dio directo en la bola de pelos y la sintió crujir y partirse y dudó sobre encender la canfinera y comprobar si era una alimaña o una cabeza. Cavó una sepultura en su propio piso de tierra y empujó los restos y guardó silencio.

Agreste marrón infinito

Volvíamos mi abuelo y yo por una calle solitaria en las montañas que rodean el centro, una calle asfaltada y angosta como todas las que trepan por las montañas que cercan el pequeño botón de cuadras soporíferas. Había desvíos, servidumbres, entradas de una materia dura, apelmazada, que ascendían o descendían dependiendo de la altura y la posición nuestra, dependiendo también de los cerros, los declives en los cafetales. Variación de las cosas, de su cercanía o su lejanía, los olores cambian también en los trillos, en las veredas sombreadas, todo a merced del quiebre, mínimo pliegue de la geografía. Pensé que si pudiera elevarme y ascender más allá del punto más alto de la montaña aparecería la carretera serpenteando, rodeada de maleza quemada o por quemar o jadeando todavía verde, gusanitos dulces, itabos de tronco hueco y furtivas llamas. Una enorme culebra de carbón, escamas de ceniza, tizones enroscados.

Mi abuelo manejaba su buseta medio desteñida, con todo sonando, un concierto de engranajes: sus carros son siempre, o parecen siempre, inmortales, no se deshacen aunque les sobrevengan años de óxido lejos de nosotros. Agarró una curva prolongada y apareció el terreno llano, habíamos dejado atrás las cuestas y quiebres del

108

primer tramo de montaña: apareció entonces un río paralelo a la carretera, un río prístino que corría junto a nosotros. Mi abuelo apagó el radio, habíamos estado oyendo noticias, y me dijo, alegre:

—Ya se me olvidó el color de un río de montaña.

Se detuvo junto al camino, en un pedazo de terreno baldío, cubierto por enredaderas y mariposas blancas, pequeñas, abrió la puerta y bajó y cruzó y tomó el camino del río. Me hizo un gesto para que lo siguiera. Yo estaba, de pronto, levitando como los caballitos que flotan arrobados sobre los remansos, estaba cargado de la duda máxima sobre el color de un río de montaña y bajé y lo seguí. Jamás había pensado en algo como ese potencial color, ese tono evidente pero perdido, escondiéndose en su evidencia bajo el sol, un color dado por la piedra, el limo, la luz que atraviesa las ramas sobre el agua, los troncos musgosos desde los que se extienden esas ramas, las lenguas de qué animales beben esa agua, las aletas de qué peces, las plumas mojadas de qué aves o el sol de qué días y el timbre de qué voces y cuánto olvido y nada.

Mi abuelo se agachó y apartó un poco los alambres de púas de la cerca que nos separaba del río, del potrero hendido por el río y su color inexistente que emergía. En los nudos de púas vi otros nudos, nudos de pelos gruesos que restallaban al sol, olvidados pedazos de aceite. Atravesé, siguiendo la marca de sus huellas, un tramo de zacate alto, hojas amplias e insectos que saltaban como puntos negros o quiebres opacos y él estaba ya tocando el agua con sus manos de madera y vi entonces esa configuración aplastante de las cosas, ese olor y ese tiempo en que vivíamos, una gota de miel lenta, honda, la carne misma del agreste marrón infinito discurriendo en una vena manchada de lajas, bajo el concierto de las chicharras. Olvidar el color de un río de montaña es imposible, pienso ahora. Y ese día avancé un poco más y vi zancudos transparentes y pequeñas olas ahogando la pudrición vieja para recibir la mía, nueva.

Fue en verano

Despertó. Más bien renació de una de esas noches muy habituales en él, noches fabricadas con una pasta negra que cortaba con los dedos, con su respiración. Abrió los ojos y nació al día como si hubieran pinchado con un alfiler esa burbuja de betún. Se había derramado sobre la mañana: ahí estaba, a su lado, al lado de su cama, la ventana cubierta por ese pedazo de tela estampada —estrías fucsias, blancas y rojas tajeando un fondo opaco— que nadie se atrevería a llamar cortina. Desde el patio llegaba el ruido de los dientes del rastrillo, herrumbrados y viejos, arrastrando las hojas secas que caían del mango hacia la pila que pronto se volvería hoguera. Abuela barría el patio y oyó venir a su abuelo, imaginó su figura bajo esa luz aun tierna de la mañana: el perol de leche lleno, sus silbidos como espirales en el aire.

—Ya te dijeron que no tenés que andar ahí como si nada, hombre más terco por Dios —decía abuela.

—Nada pasa, nada pasa —respondía él.

Ahora el perol de leche estaba sobre el fogón, afuera. Flotaba como un recuerdo agradable el aroma del café y él decidió bajar, sacar las piernas del refugio que le daba su cobija y salir del cuarto. Caminó hasta la sala y los estuvo mirando a los dos en el corredor, ella sosteniendo el rastrillo y él recuperando el aire todavía. Miraban hacia el monte. Desayunó mientras los oía conversar, abuelo siempre le hacía bromas mientras oían el radio. Se reía con ellos y había decidido ir en busca de eso bonito del verano que todavía brillaba en el monte.

Así lo hizo: caminó más allá del patio, siguiendo el trillo que había traído de regreso a su abuelo y el perol de leche, lo siguió hasta pegar con el corral y las jícaras junto al corral y el chapoteo de las pezuñas en el barro que fabricaban los animales botando el agua del bebedero: ahí encerraba su abuelo a los terneros cuando se alocaban los coyotes. Ahí recordó, mientras dejaba atrás el corral, las jícaras y el chapoteo, que se había despertado en la madrugada y oyó a lo lejos mugidos y aullidos: ese sonido de los coyotes que se le parecía tanto a un montón de niños riéndose y jugando en la madrugada, fugados de sus casas.

Siguió camino hacia el potrero que colindaba con el de su abuelo y pasó bajo los alambres de púas herrumbrados y viejos de la cerca. El potrero estaba sembrado de naranjos al principio, hileras de pequeños naranjos que daban frutas grandes, dulces y verdes, alzándose sobre surcos de tierra rojiza que se ponía más suelta que de costumbre en los meses de tanto sol. En la misma tierra rojiza estaban los túmulos de las zompopas y sus caminos iban más allá de los naranjos, inmunizados por sus sembradores con un grueso brochazo de cal. Traían hojas de más allá, las zompopas, las cargaban ya casi secas y otras parecidas a delicados pétalos marchitos, cargaban todo lo que ya había languidecido completamente bajo el verano.

Él nunca podría olvidar la elevada cúpula azul de ese día: durante mucho tiempo cualquier referencia a un día límpido, a una notable transparencia, irá aparejado a este día, como si todo día futuro que resplandezca le dijera: fue en verano, aquel verano. Dejando atrás los naranjos aparecen las milpas crecidas, los frijolares junto a los tallos y las chayoteras, todo bajo esa claridad. Luego las piedras enormes que aparecen donde el potrero comienza a inclinarse para tocar el río. Quiere bajar hasta el río, lo seduce la memoria de las pozas inmóviles, malvas y suaves, que cimbran bajo el ritmo de los zancudos. Avanza entonces hacia el río, entre las piedras, y aparecen, como salidos de la piedra misma, de una madriguera oculta en la piedra, los zopilotes y el cadáver.

Se detuvo para mirar bien, al principio imaginó que estaban devorando el cuerpo de una alimaña y luego notó que no, era muy grande para ser una alimaña: era un niño, más pequeño que él, claro, unos años menor que él. Los picos de los carroñeros habían destrozado ya la cara, le faltaban los ojos y la dentadura estaba por completo expuesta, como si de un tirón despiadado le hubieran desprendido la carne de los pómulos. El abdomen estaba abierto y negro, sintió él mismo un vacío en el suyo cuando notó que le quedaba muy poco relleno a aquel cuerpo: se dibujó frente a sus ojos la noche de la Quema de Judas y la paja encendida del muñeco, los trapos viejos cayendo, dispersándose en llamitas que extinguiría el viento. Juntó piedras y empezó a lanzarlas contra los zopilotes, que alzaron el vuelo y se posaron en las piedras altas o simplemente más allá, solo durante unos segundos antes de abalanzarse nuevamente sobre la carroña, con graznidos bajos que lo aterraban, dando brinquitos breves sobre el polvo.

Corrió de regreso, potrero arriba, hasta el naranjal y se dejó caer a la sombra de uno de los surcos, acostándose, viendo las ramas que movía el viento y la transparencia de la esfera más allá de ellas. Volvió a la madrugada, al momento en que había abierto los ojos dentro de la pasta negra y sus oídos habían traído desde el monte hasta él los ruidos de los coyotes. Imaginó la pequeña figura extraviada en la noche, ¿y si la vaca que mugía estaba alertando, asustada?, vio la figura y la luna y luego las risas y las dentelladas, los dientes que se clavaron en la nuca y el abdomen, la piel cediendo, exhalando todo mientras el niño seguía vivo, sintiéndose devorado en las sombras. Se levantó y caminó de regreso. Las jícaras y el corral y los terneros: en los amplios ojos negros de esos animales pudo saber que lo sabían, que no solamente él había visto la muerte, abierta en una amplitud colosal como la transparencia de ese día. Tomó el trillo hacia la casa, su corazón acelerado, agradecido de la complicidad animal. Poco a poco aparecieron el patio y la casa. Esperaría pacientemente la llegada del fuego y reiría con sus abuelos, quemarían hojas, superarían las noches opacas, la desesperanza. El fuego vendría para limpiarlo todo.

Se obsesiona con el suicidio de Virginia Woolf. No duerme durante toda la noche llorándola, imaginando las algas y los peces, la carne que se pudre, las letras que se quedaron dispersas. Piensa que él también será un suicida: se ha inventado una historia deprimente sobre un tío suicida al que encontraron su papá y él, colgando de una viga en una casa cualquiera y le cuenta la historia del tío suicida a todo el mundo, para sentirse suicida. Ríe en la oscuridad: claro que él también será suicida. Se desnuda y se masturba y entonces se pregunta por qué hasta pensando en cuellos destrozados, ojos salidos, mierda chorreando bajo los pantalones de los muertos, peces que devoran la carne pálida de una mujer muerta hace más de medio siglo, por qué hasta en esa nebulosa insomne tiene que recurrir a la masturbación. El recuerdo de un aliento blanco y nicotinado lo recorre de pronto como un fantasma olfativo. Piel de gallina. Busca a tiendas los cigarros. Tal vez quiera escribir una novela sobre suicidas, el tema más explotado por los principiantes. Tal vez nunca escriba nada. Tal vez lo único que escriba sea su nota de despedida.

Musgo, líquidos, aves

Con el tiempo se pierden las polillas del deseo que despegaban desde el estómago cada vez que había citas pactadas con desconocidos, potenciales compañeros de cama, potencial desnudez, sudor. Se pierden las caminatas sin rumbo en donde el amante desconocido nos rozada los dedos para apartarse de inmediato, como si hubiera tocado algún fierro incandescente. Y se pierde esa extraña inverosimilitud del sexo repentino, el cuerpo múltiple erguido tras una endeble puerta, mordiéndonos el brazo hasta dejarlo morado de puro placer.

Lo que no se pierde son los instantes del quiebre, cuando los pasos resuenan de nuevo aislados y solos al lado de los taxis vacíos y las cortinas metálicas. Lo que se acumula, tal vez, es la satisfacción dolorosa de tener una potencial historia de despecho: el amante del desconocido que camina junto a nosotros por las calles desoladas será otro, nacido de la imaginación y los celos (es posible que ya entonces aparezcan los celos), un amante mejor que nosotros, mucho menos inhibido, más hábil en el arte de la seducción o la sencilla presencia. Queda también la vergüenza, los palacios con grandes salones opacos en donde las mesas están vedadas para los que no encontraron en su cuerpo la elasticidad suficiente o no tuvieron el estómago para tragarse una descarga de semen en la primera cita.

Fuimos a un lago en donde había patos y rocas resbaladizas y él tenía una cámara (recuerdo ahora, años después) y le rogué que me llevara a su cuarto, un cuarto que yo conocía, escondido en la humareda que pintaba, ilusamente, para su familia, le rogué que me llevara y me amordazara ahí, dentro los dos, para que nadie me oyera cuando le llegara la euforia (que yo también conocía) y no respondiera a mis peticiones de piedad. Me dijo no, sencillamente no, mirando al suelo, evitándome, tratando de no decir mirá, fue un gusto conocerte, pero me das un poco de asco, no sé bien por qué. Fuimos a un lago en donde había patos y rocas resbaladizas, y caminé solo entre el fango, de regreso, mientras las bocas solitarias expelían humo en el rojo de los semáforos y yo intentaba respirar hondo, no llorar hasta cruzar la puerta de mi casa y estar nuevamente solo.

Presencia del páramo

Lo despierta ese sonido extraño que evoca borbotones, un líquido viscoso y cerúleo manando de las grietas de la tierra. Pone los pies en el piso, es una mañana fría, sin medida. Siente que el derrame incesante, concentrado, de alguna manera lo invoca y decide andar. Encuentra un pasillo que le recuerda el pasillo de su casa, lejana, repentinamente actualizada en esa estancia desconocida donde no se desplazan las cosas, siente, hacia la caducidad o el origen. No hay conversaciones, no existe el movimiento de los animales o la agitación de las ramas negras en los árboles enanos de hojas crueles. Detrás de la puerta de entrada observa la estampa de los lejanos domingos sequísimos: la cruz de palma bendita. Hay esa penumbra de amanecer, siente la penumbra de amanecer aunque bien puede tratarse, dándole completamente la vuelta al día, como si un día fuera una bola de cristal que gira en las manos indolentes de un ser gigantesco y ajeno, de un crepúsculo cargado de silencio, de estatuas de sal, presagio, ya no el alba. Deja atrás la puerta, el corredor, pisa el zacate mojado, deja al frío lamer las plantas de sus pies. Avanza hacia el frío como si avanzara hacia el ojo del fuego estático, las rodillas empapadas por el rocío, mariposas heladas encima de flores cargadas de tiza o nervaduras muertas. Está desnudo en medio del campo gris, gris sobre gris, cobertura de hierba prolija y chata, y al fondo, en donde parece decaer el mundo en el límite de las nubes blancas que lo rodean todo, un árbol seco inundado de palomas moradas. Regurgitan sus nervios, las palomas de pronto se dispersan y dejan solamente el fósil vegetal quebrado contra el fondo de grumos evanescentes. Quiere regresar, se da vuelta porque quiere regresar, da un paso en retroceso y el pie se le hunde en algo fétido apelmazado sobre la tierra, hermanado con las raíces del páramo. Aparta las ramas groseras que le impiden la visión y descubre un torso, un pedazo de algo remotamente humano, negro en algunas partes, sobre el que caminan las hormigas y emergen larvas. Oye de nuevo el zurear de las moradas, perdidas en la distancia. ¿Dónde hallar una brújula, un mapa? Mira el torso con más atención y nota que respira, sus pulmones siguen animados, han echado raíces en esa tierra extraña del páramo. Se mira el pie, hundido entre las costillas, dañando ese perfecto equilibrio póstumo. La casa remota sigue ahí, sigue su desnudez, el páramo, las moradas y esa fuente opaca de la vida a través de las grietas de la tierra. Se inclina sobre el torso para escuchar algo, una respiración, ¿estoy en la infancia?, pregunta.

Recuerdo

Recuerda que en una de las casas lejanas, reti-
radas en el monte, vivieron panales de abejas de
oro y por el balcón que improvisaron con ma-
deras húmedas y latas de zinc agujereadas podía
verse un pedazo del mar acercándose. Había una
playa llena de basura y alguna vez, en esa playa,
con los niños del monte, descubrieron un coco-
drilo muerto. Miraron por el declive de la playa
y lo encontraron, las gaviotas encima de él, como
resguardándolo: recuerda los ojos amarillos del
animal muerto, enormes, como girasoles de ám-
bar pútrido metidos en ese armazón prehistóri-
co de piedra y filos. Le reventaron los ojos y desataron la putrefacción. También sacaron del mar
un pez globo, lo ve hinchado en la arena negra,
justo ahora mientras recuerda. ¿Hace cuánto de
todo esto? Le sorprende poder recordar detalles
que no ayudan a esclarecerle nada, por ejemplo la textura podrida del barandal en el balcón
del segundo piso, lleno de túneles de comején.
¿Por qué sigue atado a estas casas, a esos cuerpos
de animales devastados, a las voces de esos niños
que siguen niños en el recuerdo mientras él, su
cuerpo, es ya un cuerpo añoso, reptil podrido
de memoria? Una vez, en el balcón, escuchó
el idioma de esos pájaros negros que se escondían bajo el rosal, un rosal inmenso de moños

blancos, todos blancos, y bajó corriendo las escaleras hasta el primer piso para intentar ver cómo eran esos pájaros que imaginaba parecidos a sapos. Corrió hasta la puerta de la cocina y en la cocina había una mujer desconocida lavando un pichel de hojalata: todavía le aterroriza recordar que se encontró con una mujer que jamás antes había visto, una mujer que no conocía lavando un traste viejo mientras estaba solo en la casa.

—¿Adónde va? —preguntó la mujer.

—A ver los pájaros —dijo él, señalando hacia el rosal.

—No hay nada —dijo la mujer.

Colgó el pichel en un clavo, junto a la pila de la cocina, se secó las manos en un trapo sucio que había sobre la tabla de picar y le sonrió. Salió hacia el rosal. Recuerda que no la siguió jamás hacia el rosal. No la ha seguido nunca, se orina en los pantalones una y otra vez, pero no la ha seguido nunca.

Nocturno

Desconocido mar que me envuelve en sueños, sus aguas una y otra vez rompen el hielo de este submundo que dura apenas seis o siete horas: lámparas de aceite me vigilan, lámparas de aceite, mar, me vigilan: derrama sus brazos poderosos en las escaleras, a través de las ventanas se extienden la cera y el agua salada, bucles de agua y detritos se petrifican de pronto en donde mis piernas aúllan —lobos sin voz— y las islas que pudieron existir, calcáreas en una lejanía indiscernible, son leves manchas diluidas que caen desde las repisas vacías de mi cuarto seco, seco hoy mientras sueño que nada debería estar seco.

Advenimiento del escepticismo

Su hermano viene corriendo desde el fondo de la casa y en ese fondo hay un ruido de latas que se retuercen: son los límites del recuerdo masticando poco a poco los despojos. Es de nuevo chato y gordo y tiene su voz aguda oscilando como una luz entre el espanto y la fascinación. Pregunta sin detenerse si los ángeles que oyeron aletear toda la noche pasarán volando, como las garzas, en esta tarde bañada por tanta sangre del sol. En las ventanas cerradas de la casa huele a muerto, todos se han muerto y sin embargo ellos volvieron una vez más como se vuelve, con indolencia, a una tristeza que se conoce y se prefiere ignorar. Su hermano pequeño lo toma de la mano y salen a la caza de los ángeles, al campo tostado, recorrido por bandadas de aves blancas desprendidas del olvido, y caminan bajo las plumas desecadas hasta la roca que da al río y en la roca que da al río su hermano pequeño aplaude y pregunta otra vez por los ángeles.

—¿A qué hora pasan?—Pregunta.

—No pasan —dice él—, los ángeles nunca pasan. Solo las garzas, hay que sentirse bien solo con las garzas.

De cómo descubrí el ateísmo

Alguna vez fui un portento en biología, entre los diecisiete y los dieciocho, y me enviaron en un viaje, el primer auténtico viaje de mi vida, a una estación marina con más portentos en biología. Hay fotos en donde aparecemos, los portentos y yo, cerca de los manglares, sonriendo, como si supiéramos algo de la vida realmente. Recuerdo los camarotes y la tensión sexual sostenida, la tensión sexual en las duchas, en las camas, recuerdo que todavía existía entre nosotros la fe y algunos rezaban antes de dormir y algunos teníamos diecisiete años recién llegados. Besé solo una boca esa vez y hasta ahora esa boca es mi mundo: en las duchas primero, luego a escondidas en un aula abandonada de la estación. Con los años he descubierto que mi primer viaje, mi verdadero aprendizaje biológico de ese primer viaje, ocurriría entre las piernas de mi compañero de camarote. Se llamaba J. y su belleza me persigue como las maldiciones persiguen a los linajes ilustres, todavía siento a veces el sabor de su vello naciente en la boca, a veces me quito su vello áspero de la comisura de la boca y siento sus labios rozarme el oído para decirme que no haga ruido: tantos muchachos con fe, de diecisiete años y con fe, duermen a nuestro alrededor. En mi primer viaje pude perder la fe entre las piernas de J. (entra Virgilio desde *Virgilio, tal cual*: "Hasta ese momento yo era una triste presa del Señor y, sin duda, el diablo quería su parte, me abandoné a las endiabladas ensoñaciones: ¡Oh, supremo instante en que el ángel me arrojaría hacia el valle de las lágrimas!"). Pasaron los días y no nos detuvimos, había que deteriorar el hueso pútrido de la fe, había que tener diecisiete años y perder de una vez por todas la fe. En los islotes del estero vimos a los caimanes destrozar la carne arrojada por los guías, en los manglares nos hundimos en el barro y mientras los portentos en biología decían cerca de nosotros palabras elevadísimas como *acelomados, malacología* o *neumatóforos*, J. y yo sabíamos que el aula en abandono nos estaba esperando y sus piernas estaban abiertas a mi boca y mi boca quería abrirse entre sus piernas: J. nunca había dejado que nadie le chupara el ano y yo nunca había dejado que nadie me restregara su ano por la lengua hasta que vinieron J. y su belleza: había aparecido frente a mí con un paño blanco amarrado en la cintura, viniendo de las duchas, el primer día, cuando descubrimos que compartíamos camarote, y lo analicé y lo supe. J. también lo supo, claro. En la noche bajaba hasta mí o yo subía hasta él, mientras los tenebrosos adolescentes con fe que nos rodeaban le pedían a Dios más saber sobre la biología, ser más portentosos, mucho más. Yo

estaba atado a J. y J. a mí: no bromeo cuando
digo que su belleza, su piel morena y caliente,
me persigue como las maldiciones persiguen a
las familias ilustres. Tal vez toda la belleza que
la vida me debía me fue dada en un momento
en donde perdía la fe de pronto, como una avalancha, y no era capaz, en el destrozado mundo
que se aparecía ante mí, de discernir un poco
de belleza, mucho menos que toda mi porción
de belleza estaba (estuvo) ahí: sé que J. era bello como es bello el fuego azulado en la noche,
como es bello el mar que se nubla y mata, pero
soy incapaz de recordar su cara o la forma exacta
de su boca, pues de J. me queda lo que me dio
el desvanecimiento de la fe: el éxtasis amorfo de
deshacerme en la vida, esa sabiduría que alguien
encontró en los diecisiete, en algún lugar de los
diecisiete cuando se quiebra en pedazos la arpía
de Dios y quedan los genitales y la fuerza que
el cuerpo nunca jamás volverá a tener encima.
Después empecé a morir, pues pasaron los días
y los portentos en biología volvimos a los colegios y en los colegios nos pusieron a repetir
palabras elevadísimas como *neumatóforos, malacología* o *acelomados*. Pero después de los diecisiete
y de mi primer viaje revelador volví a verlo, un
año después, para que su belleza me penetrara
por fin ahora y me hiciera hincharme por fin.
Como soy de provincia y lo mío será siempre

la provincia, creía que solo podría coger a mis anchas cuando llegara a la ciudad, y aunque no para todos los provincianos es así, aunque después he cogido a mis anchas en provincia, en esa ocasión el oráculo tácito acertó (Piñera, otra vez: "[…] echándome a los brazos del primer hombre conocería por fin el sexo tal y como yo lo entendía. Tales reflexiones me iba haciendo mientras sus ruedas me alejaban de la provincia […], me encontré, de súbito, totalmente erotizado […]"). Sea cual haya sido esa ciudad a la que llegué para dedicarme, claro, a estudiar biología: era natural, había sido portento en biología. J. también, y en la ciudad, los jardines interiores, los laboratorios, las aulas, las cantinas, los cuartos alquilados, ahí estaba él haciendo, como yo, el mismo movimiento que a todas las autoridades familiares les parecía tan natural: cada cosa con su cosa. Sobra decir que no estábamos acabados, que me rendí nuevamente ante J. y que me arrasó sin piedad de nuevo en los cuartos alquilados, mientras yo aprendía a vivir lejos, presuntamente lejos. No sé si amor había, no puedo decirlo, había un arrebato que todavía no se acaba aun cuando ya no existimos más en esa ciudad, en esos cuartos alquilados, aun cuando en los manglares en donde todo comenzó siguen flotando insectos incandescentes y sigue esperándonos el aula vacía y sigue existiendo el camarote en donde nos abigarrábamos para repeler la furia de la fe a los diecisiete años. A los diecisiete el cielo y el infierno juegan cara o cruz en los pubis nacientes de los muchachos: en ese momento se juegan el futuro, alzan el vuelo los machos de la mano del Señor de los Ejércitos y las depravadas que recogieron con la lengua el humito negro de los pubis de sus amigos se abren las venas con los ángeles caídos en la bacanal fugaz, en la belleza instantánea que empieza a morir y solo muere. A los diecisiete fuimos portentos en biología que aprendieron la vida en la entrepierna del otro, que buscaron con el dedo y la saliva el origen del placer, y estuvimos después en la ciudad hasta que ese enemigo del arrebato, el tiempo, se llevó a Jorge como si hubieran soplado el polvo que ensucia una ventana: busqué su órgano portentonso que le tocaba con el glande el ombligo, busqué el negro de sus vellos, la voz, busqué hasta que me di cuenta de que no sabía, por ejemplo, cómo era su rostro, cómo tenía la boca a pesar de haber sentido su boca, cómo tenía los ojos a pesar de haberlos visto, no sabía cómo era su cuerpo completo a pesar de haberlo recorrido completo, no tenía ya nada. Y así poco a poco he ido buscando debajo de cada piedra a ver si aparece el mismo sabor que era suyo, o si algo desata en mí la imagen de un mar ahogando a las bestias, o si algún nudo que por fin se deshace me deja libre de la maldición de su belleza, que me persigue como persiguen las desgracias enormes a los linajes ilustres.

Gatos (I)

Quentin, nuestro gato negro, se acicala justo ahora al lado de la ventana. Se aquieta cada tanto mirando el agua caer sobre la musaenda reverdecida en este día de septiembre. Sus ojos son dos almendras, a veces los ojos de un basilisco. Salta sobre Bruno, nuestro gato más viejo, y lo exaspera. Ronronea mientras duerme, y cuando una mano lo acaricia se vuelve un terciopelo oscuro que respira. No huye, bufando y autosuficiente, como Bruno, de nosotros: prefiere los escondrijos recónditos de la casa cada vez que llegan hasta él las voces desconocidas o los ruidos extraños, ilocalizables en un pájaro o en el viento. Busca también los rincones de las arañas y caza sombras, tal vez porque pertenecen a su reino. En su memoria que se retrae más allá de mí, más allá de esta casa y este pedazo de tierra, pienso a veces, hay fuego y conjuros, un camino de migajas que lleva a una choza flotante en un bosque de abedules altos como seres desnutridos. La lluvia se detiene mientras Quentin duerme, y a veces sobre él florece una avispa blanca, una astilla de abedul.

Sueños y escritura, brevemente

Envidio los libros en donde alguien escribe sus sueños, en donde puede desplegar sin un mínimo de sana desconfianza lo que presume como el mundo que le acecha desde las profundidades de su abismo, como los ojos insondables de la lechuza de las nieves. El libro póstumo de Fogwill, en donde abrió la imagen de un mar azul a través del que piloteaba un velero enloquecido, creo, y dejó constancia de que estaba marcado por las bocas, creo. Los sueños inverosímiles de las películas de terror, de ciertas novelas de terror, en donde la naturaleza del sueño sufre un degollamiento en nombre de la tiránica trama. Por ejemplo: una historia de un viudo que recuerda todavía los últimos meses de su esposa, enferma, acostada en la cama que compartieron durante años, así iniciaría una historia de terror, podría ser, y podría seguir que el viudo tiene señales de la existencia de su esposa: trastos que se caen, mensajes susurrados extrañamente mientras duerme y, claro, un sueño en donde está pescando a la orilla de un río y al tirar de la cuerda con todas sus fuerzas para sacar al pez enganchado en el anzuelo lo que extrae es el cuerpo de su esposa que le hablará, le dirá algo, un resto, algo pendiente. He ahí la falibilidad del recurso onírico como advertencia de algo: esos

132

no son sueños, son tretas de la trama, recursos bastante desgastados, increíblemente fáciles y (precisamente por fáciles) sumamente efectivos, guiños de principiante que muchas veces hacen las delicias de los lectores fieles, esos borregos como yo. Otra cosa que sucede con los sueños en la literatura: son usados como parte de una atmósfera calificada —según la jerga mierdosa de las contratapas y los cintillos— como *opresiva*, los personajes deambulan por calles solitarias y se nutren del urobóros de su hambre eterna, romántica su hambre y siempre fuman y ven al vacío y sueñan de pronto con agujeros en donde nunca terminan de caer o voces que los llaman desde la tumba y se despiertan indiferentes para calzarse los zapatos raídos y comenzar el vagabundeo por su inframundo gris. Otro tipo de antisueños, nada más. Los sueños tienen una escritura que repele la escritura tal como la necesita una bestia hecha de palabras como lo es la literatura, todo libro es un libro imposible de soñar, imposible haberlo soñado. La escritura de los sueños (asumiré que hay una, creeré que hay una) es inasible y blanda, arena casi limo que se escurre por entre los dedos hacia la corriente de un Nilo interior. Tal vez por eso no me terminó de gustar el libro de Fogwill, no porque fuera un mal libro, sencillamente porque es un libro poco confiable como testimonio de sus sueños, aun cuando tenga todo el mérito de la invención (que en detrimento de la parte testimonial se niega). Del mérito de la invención carecen, por otro lado, los sueños premonitorios de tantas novelas de terror, y en ese sentido carecerían de todo mérito posible. El único parámetro valorativo a tener en cuenta en la materia de los sueños y la escritura es el de la invención: ya que es imposible escribir nuestros sueños, ya que es imposible escribir un sueño, solamente nos queda el camino de la imaginación en donde es posible escribir *como si* todo fuera un sueño. Con mayor o menor éxito, claro está, pues todo depende del grado de libertad que se otorgue a la invención: si las gárgolas de la causalidad están aleteando sobre la escritura me aventuro a decir que el fracaso está asegurado. De este modo podemos cambiar la afirmación de Fogwill según la cual quien no sueña no puede escribir, pues sería más atinado decir que quien no imagina que puede escribir lo que sueña no puede escribir. La única vez que intenté poner por escrito mis sueños fui arrojado a un oscuro desierto de cal en donde no había forma de volver a soñar, todo lo que había escrito, los pasajes del agua al vapor, del rojo encendido al tenue marrón de una tierra conocida, se convirtió en una especie de memoria que me recordaba que antaño había podido imaginar lo que soñaba después de haberlo soñado con particular intensidad. Sé que no dejé de soñar, pero la escritura erigió un muro entre la materia y yo, entre mis sueños y yo, impidiendo el ejercicio de la imaginación sobre la materia originaria: la fantasía de escribir los sueños tal y como son es tan estéril que los seca, seca incluso la escritura, detiene la máquina, herrumbra los engranajes. Lo mejor es la estrategia indirecta, el engaño perpetuo, jirones y retazos de lo que se cree fue un sueño aquí y allá, cabezas que ruedan por una pendiente en algún punto, imágenes brillantes que entran en un pasaje que habla de inmolaciones y astros, jardines, cuerpos, incluso libros y cabezas de chancho.

El libro por venir

Me compraré un cuaderno nuevo, un cuaderno pequeño, de renglones holgados, espaciosos, aptos para mis garabatos cefalópodos, me gusta alargar los zarcillos, tentáculos y lenguas, me gusta que se arroben y se adelgacen, que de pronto desaparezcan y que su pulcritud se confunda, en el salto de un charco, con la fealdad de la caligrafía desaprendida: la velocidad es enemiga de la caligrafía excepcional y en el libro por venir, de alguna manera, entre sus referencias a enredaderas y nudosas raíces que pulverizan el suelo, habrá poco lugar para el cuidado de las líneas, si los zarcillos o las lenguas se embelesan en su longitud será solamente como una manifestación de la velocidad, un efecto de la velocidad. En contradicción con la velocidad que vendrá a deformar las letras, que hará de los trazos una continua desbandada, estarán los patios y los jardines, el tiempo que se vuelve una espesura silenciosa en las penumbras y, sobre todo, la memoria. Me empeño en mirar el libro por venir como un libro sobre jardines y al mismo tiempo, en el futuro de su letra vulnerada por el vendaval, no puedo dejar de percibir las ruinas: mis jardines, mis patios, son ruinas, de alguna forma perviven en la destrucción. Hace poco cavé y cavé y desenterré un jardín y fue como exhumar un cuerpo, un trozo de tierra en donde nadaban gusanos, pedazo de recuerdo en donde hubo algo: musgo, helecho, babosas. Tanta furiosa letra vegetal: olor a tierra apelmazada en las páginas del cuaderno nuevo, en sus renglones, en la velocidad que solamente podrá contar la lentitud. Un ir y venir de memoria mar, de mar memoria. No hay mucho más que esto. En la línea del horizonte, donde se mecen al viento las flores casi muertas de las veraneras, cantan los yigüirros como en una postalita de provincias.

Trillo

Ascendía por la ladera, angosto, a tramos empe-
drado, al fondo, en la cima de su inclinación, se
desbandaban las nubes. No corría brisa y decidí
tomarlo, probar un desvío. De algún modo, trepando a través de él, entre itabos y almácigos,
sentí que hacía lo de siempre: avanzar sin saber.
En la cima de la ladera contemplé los paisajes in-
vadidos por el agreste marrón infinito y lo sentí
recorrerme como una miríada de raicillas. Tonos
amarillos mientras desciendo, encendidos o apa-
gados en la ladera opuesta, cúmulos de naranjas
y marrones. Milpas secas y tijos escondiéndose
entre ramajes endurecidos. Al fondo, más allá del
camino y el descenso, la devastadora infinitud de
una esfera transparente y, sin nada de mí ni de los
míos, perfecta, casi doliente en su asimetría. Me
adentré en las viejas milpas y recordé las nuestras, las mazorcas dejadas, negras y carcomidas, el
fantasma de pasos entre los surcos ya desdibu-
jados, los grillos del color de las hojas muertas,
grillos cantores de papel. Calcárea y blanca la
luna sobre los campos despejados, en medio de
la claridad, paciente observando el declive de la
luz. Yo en el trillo, tocando los restos, levantando
los despojos.

Paisaje de ruinas con cítricos

Anoche, marcando el fin de esta era cargada de voces y perfumes, de intrusos, calor de besos y abrazos, vinieron los espectros del invierno y me ofrecieron fruta. Llegaron como los destrozos de una tormenta: desde la orilla de la cama mordían mis pies, me ofrecían fruta, me sacaban del sueño, bañado en sudor, intentando gritar un no.

Habían aparecido de pronto en un rincón de la casa, con el gesto amargo, con la tinta espinosa de la humedad y el encierro. Esclavizados en el olvido penetraron en mi verano interminable, voluptuoso, fugaz, para cubrir con su escarcha las lentejuelas, los sombreros y las ventanas.

Viajaron hasta mí, hasta encontrarme en el sueño, metros debajo de la tierra, macerado en vino, quebrado y solo. Sus manos, semejantes a huesos enfundados en cristal, se extendían hacia mí para ofrecerme frutas, frutas de colores encendidos, lejanas al frío y sin embargo congeladas, frutas de la memoria, de mi memoria: al verlas en sus manos recordé el cuadro de principiante que colgó mamá en la sala de la casa que rodeaba el bosque: un río serpenteaba entre la nieve y oscuros esqueletos hasta perderse al pie de unas montañas toscas, en el horizonte, y a ambos lados del río, sosteniéndose en pequeñas laderas empinadas, aguardaban los animales.

Y anómalo entre los animales y el río y la nieve aparecía un naranjo verdecido, cargado de frutos. Reíamos con mamá y las llamábamos naranjas de invierno, y al ver los dedos largos y los brazos azulados cerca de mí, con los rescoldos vegetales en la punta quebradiza, pensé en el cuadro y en mamá.

Afuera, mientras giraba la tierra, dormían las llamas que el sol se había quitado. Entonces no quise resistirme más, puesto que el sol se había desgajado, y miré directamente a los seres helados que se paseaban alrededor de mi cama con una canasta de frutas encendidas. Me percaté de que los cortinajes rojos se habían opacado y cubierto de una piel muerta parecida en su proliferación a una pelusa de hielo, las paredes todas se habían transformado en un opaco hielo negro, mi tumba era un témpano.

Sonrieron y guardaron silencio cuando acepté las frutas, cuyo olor helado, chispeante, reconocí al instante haciéndolas calzar en el limonero florecido junto al río, en la nieve. Durante días y noches estuvieron sonriendo, desfilando por todos los rincones de la casa y en un momento descubrí que de sus cabezas, de lo que yo creía eran sus cabezas, comenzaban a emerger yemas verdes, muñones de hojas, espinas iluminadas.

Taxidermia involuntaria

La imagen de un pájaro en vuelo me acompaña. Opaco, quedó anclado en esa tarde negra que muere junto al paisaje que nos aviva. Miro la imagen una y otra vez para sorprenderme: un pájaro, una mancha grácil anclada en la tarde. Apenas una flecha en el viento, un instante conmigo, latiendo en mí, interminable. Ahora muerto, pienso, pasados los años, muerto como las flores de la pasión en la desbordada enredadera, esa misma tarde que se jugó la permanencia en el lustre del plumaje.

Estos son los golpes de suerte, la forma en que el mundo acalla a los profanos como yo, para revelarse de golpe en un animal o en una mancha, en un cúmulo de inflorescencias que vibran, en un tallo cargado de espinas y hormigas negras.

La imagen perdura, se nutre de mi cambio, de mi progresivo morir, del tiempo, en suma, que la hace girar como un prisma a contraluz: en la carne del pájaro palpita la corrupción progresiva de la mía, se hace visible en la insistente permanencia que de pronto refulge y llama y me hace repetir: sí, la imagen de un pájaro en vuelo me acompaña.

Dos de agosto

El gran vainillo del patio ya sin sus vainas y sus flores daba sombra. Habían sacado la mesa y soplaba viento y en el borde de los cerros, todavía quietas, estaban las empedradas nubes de la tormenta.

Corrían los niños entre las rosas y las hojas amplias, manchadas, de las loterías. Enrojeció la pastora, prematura y premonitoria, fuerte como un parpadeo de sangre. Muñecos de plástico yacían olvidados entre macetas y restos apelmazados por las recientes aguas del invierno.

Por la mañana se habían reunido en torno al cerro donde estaba la Virgen de las Rosas y habían escuchado misa. Llegaron peregrinos y el olor de la mirra se fue expandiendo con el viento entre las espinas que rodeaban la imagen. Ah, el viento de agosto, cargado de lluvia apenas, como si no quisiera todavía mojarnos el azul, la ropa blanca que recuerda las candelitas, las uvas, los ramos sangrientos del bautizo.

Mamá y abuela me reprocharían no haber oído misa y no haber ido al cerro para subir hasta la Virgen de las Rosas y mirarla con devoción. Cuando llegaron supe que nadie había podido subir a verla, que la misa se había hecho a distancia de la imagen, que había manchas de sangre en la Virgen y le habían destrozado las manos.

Pero eso no impidió el festín, no impidió que tomáramos lugar en la mesa, a la sombra del vainillo, y siguieran corriendo los niños por el patio.

La noche antes, en el moledero, junto a la cocina de leña, picaron las papas y la carne y brillaron las llamas hasta la madrugada. Por la mañana se limpiaron los platos que había invadido la ceniza de los ángeles, capullos macerados. Bajo el techo y en las ramas están las telarañas y sus ocupantes que tejen y tejen nuestra historia de humo.

Mamá, con sus ojos cada vez más extraños, menos incandescentes, me saluda desde el otro lado de la mesa, desierto de las hormigas del azúcar. No la saludo, yo, apegado al silencio que me nutre, que me hace ver esta pintura en la distancia, bajo esas nubes oscuras que presagian el agua encima de cada piedra.

Mueven las manos sobre el pan, distantes, sobre el picadillo y el arroz y la carne, dicen los nombres sacros antes de masticar, distantes me los dicen para que yo, a lo lejos, pueda repetirlos. Piden por las manos de la Virgen, por su sangre esparcida sobre el yeso, en el olor de la mirra. Mastican en su honor.

Hacemos estas nimias, secretas libaciones antes de que caigan las primeras gotas de lluvia en el patio, cuando levanten anclas las nubes, y se borre la comida y mi cuadro se disuelva y me quede solo, siempre en la distancia.

Nieblas y dragones

El miedo primigenio a todas las cosas tenía esa luz, ese corazón de metal fundido.

Decíamos:

—Hay que ver el corazón de la niebla.

Cuando aterrizaba la niebla sobre el camino, queríamos descubrir los dragones pequeños que la cargaban, con las manitas alzadas, como si fueran niños corriendo a través del monte bajo una sábana blanca.

¿Y si nos íbamos con ellos? ¿Y si atrás quedaban los baúles de juguetes, los camiones de madera? ¿Nos devolverían las alas que mamá y papá, con sus tijeras, removieron?

Nadie nos daría esas alas que pusieron en conserva. Tampoco los dragones que llevaban en sus hombros el peso de la niebla, embate de los campos, las ramas y los piñuelos, nadie volvería por nosotros desde el fondo de la vida, nadie más que el miedo a todas las cosas en donde seguimos durmiendo con siete años, al lado de la ventana que susurra duérmete niño, duérmete ya, que viene el Coco y te comerá…

¿Por qué gusta de las historias crueles?

La vieja pregunta:
¿y esto?
¿por qué escribe esto?
¿qué hubo en su infancia, qué cataclismo?
Y decir:
nada,
un poró que hacía sombra en la esquina del
        patio,
un ejército de chinas florecidas en la humedad
        de su sombra,
bambú cantando junto al agua que ya no se ve,
un Hitachi muy pequeño en el que vi *Tiburón*
        para la eternidad,
una cama para mí, otra para mi hermana
—con el tiempo hubo otra para mi hermano—,
        abuelos y medio abuelos, muchos muertos
sin flores,
relojes que decidieron no marcar el tiempo,
        historias de brujas, mangos que maduraban
junto a las abejas,
    vacas silenciosas, herrumbre en las latas de zinc
    y murciélagos en el cielorraso.

Un recorte sobre insectos

Si se los mira de cerca es posible ver el tiempo amorfo de los inicios de todo, el tiempo en que cada cosa, curiosamente, tenía la perfecta falta figurativa de lo que no es fácil someter a ley alguna. No son relojes que esconden un corazón rojo y sangrante en el centro de sus engranajes, no son máquinas asesinas ni turbios seres que salen del fuego, todavía encendidos y furiosos, para quemar la piel de los prófugos del bien. No vienen de los infiernos, no son máquinas delirantes que hacen que el tiempo suene a metálica moneda.

¿Qué son?

Lo escucho moverse.

Estoy en la mesa, escribo esto, lo oigo moverse a mi lado, detrás de la cortina de la ventana que está a mi derecha. Aquí, muy cerca, un sonido de búsqueda: siempre buscan, siempre sin detenerse, el alimento, el escondrijo, la salida, poder vivir. Es el sonido de la búsqueda, lo hacen siempre como si rasgaran la madera del marco de la ventana para fugarse hacia otro sitio dejándome con la piel anuente a su aparición.

Es lo primero que son los insectos: la búsqueda.

Pero su movimiento escondido implica el anonimato, implica que nunca, por más que busquemos con las manos estiradas en la oscuridad de una habitación, por más que palpemos en busca del interruptor de la luz, podamos llegar a encenderla y verlos de frente, no habrá revelación de su forma ni aparición de la luz que denuncie su forma. ¿Dónde son a sus anchas?, ¿dónde se presentan con su nombre y no con el sonido desesperado de los buscadores?

Por la noche, al dormir, algo se mueve en nuestra habitación, la noche se torna intranquila de inmediato y, aunque sabemos que aquel movimiento en lo oscuro viene de uno de ellos la mayor parte del tiempo, comienza a helarse la sangre y comienza a agudizarse la capacidad de la piel para detectar movimientos, contactos mínimos contra ella, incluso ella contra ella misma se vuelve una amenaza.

El sonido continúa torpemente, atraviesa el espacio apropiándose de él. A diferencia de cuando aparecen en la noche decididos a perturbar el sueño y ante su presencia me encuentro indefenso, sin saber hacia dónde o cómo, ahora tengo luz y estoy totalmente despierto. Parece ser que la segunda cosa que es un insecto es la incertidumbre. Un toque suave es lo suficientemente poderoso como para hacer que nuestro cuerpo, pesado y torpe en comparación con el de ellos, se mueva en la oscuridad desesperadamente buscando algo que arroje luz sobre aquello que perturba la apacible atmósfera nocturna. ¿Qué es lo que nos roza además de las patas? ¿Solo las patas han tocado mi cuerpo cuando mi cuerpo reposa cerca de ellos? ¿No me habrán tocado alguna vez las antenas, los quelíceros, los ojos múltiples, la baba incauta de su interior inasible?

El cuerpo humano, lo sé con certeza, les repugna tanto como el cuerpo insecto a nosotros. Esa masa de carne se les antoja una montaña de porquerías. El punto es que los insectos, sean cucarachas, sean abejones tras la lluvia, sean abejas, sean cosas irreconocibles con tenazas y enormes antenas desplegables, serán siempre la literatura. Anonimato, incertidumbre, todo detrás de la cortina mientras escribo esto. Y podría agregar o podría decir, como anécdota, que había oscuras tardes lluviosas en donde tomaba el almohadón de los alfileres, con su erizada piel llena de ellos, de sus cabecitas de colores, y los usaba como lanzas. Convertía la mesa en una ciudad que había derrotado a sus enemigos, abejones clavados en los alfileres, vivos, movían las patitas sin poder escapar. ¿Les dolía? La almohadilla roja de los alfileres estaba vacía. ¿Sentían dolor? Alguna vez, en un libro de ciencias básicas o en la boca de un profesor poco hábil, o en una lámina con hermosos dibujos del reino animal, leí que los bichos no tenían sistema nervioso y por tanto no sentían dolor. Verlos clavados en los alfileres, incluso los sigo viendo ahora mientras esto se escribe, parecía indicarme que tal vez sí. Dar sufrimiento a eso tan pequeño, clavar pedazos de literatura en metal. Alas, patitas, sus voces chillonas: tienen un chillido, una amenaza leve.

Todo se va alejando de cosas tan crueles como ser niño, como dudar del dolor. El sonido de búsqueda persiste en la ventana, en el marco de la ventana que está a mi derecha, mientras escribo esto y nada humano me mira, nada que sepa que hago bromas o libros, sino solamente alguien apagado, rumiando la incertidumbre. Pienso entonces en las letras, otros insectos, adheridos a las superficies, raspando siempre, buscando.

En los años de la humedad: un poema

1

Nunca llega suficiente luz a nuestra sala, penumbras y ecos siempre a nuestro alrededor, en la única ventana la sombra de un animal, compañero de lo incognoscible. Mi amado cruza la puerta y en sus manos están las calas: reminiscencias mortuorias, versos ajenos (subrayo versos, memorizo versos, la distancia, el polvo y las sombras: jardines en ruinas que son prácticamente cementerios), falos cargados de polen, ónices y abejas. Ahora están en la mesa, en el florero de vidrio verde, respirando entre nosotros, con nosotros, perdiendo con nosotros la ruta de escape hacia la claridad. Desmemoria total de la madriguera, de la opaca y asimétrica vida subterránea: afuera, en la humedad del pasillo, un falso bonsái se seca, actúa un otoño en escala, diminuto. El tragaluz es también de polvo, restos de un patio ajeno en donde moran los perros bajo la lluvia y el agua se acumula en las frutas podridas transformadas en cuencos. Obturado el ojo de la casa todo se nutre de una vida rastrera: seres a ras del suelo, el amor intenso de la mugre, el descenso —recordemos a William Carlos Williams— nos llama más que el ascenso. Lo inaprehensible exhumado, el plato roto tras el desayuno, las hojas muertas en la maqueta del otoño barridas por la corriente de aire en el pasillo. Presentes en la mesa nosotros y las calas, una flor sangrante insinuada en una lámina, cosas que se insinúan: los tiempos sin progreso, sin retroceso, la expansión continua de la flor, del aroma, de la permanencia alrededor de las láminas, las flores sangrantes: el lugar común de asimilar un tono encendido a la sangre, el lugar común de describir la madriguera como madriguera, la casa haciéndose panal. Volvamos a lo subterráneo: esa corriente que rompe nuestra película muda de un solo escenario con una salvaje llamarada, con un sabor a cítrico, a piedra molida. La respiración de las calas, orejas blancas delicadas, junto al ritmo de la nuestra: vienen las estaciones que ninguno de los dos conoce, una sucesión de imágenes nuestras alrededor de las flores, carnada de las horas. Al escribir permanece esa respiración, ahora mayor que la nuestra, ajena al garabato o a la tachadura: exhalación de los cuerpos que se niegan a morir en el vidrio verde. ¿Qué actualiza la letra? ¿Qué recuerda: jardín malva, luz perdida? Son los años de la humedad en todas partes, los años de sus mapas negros, de las luces que recorren las pocas ventanas, dejando atrás el aliento frutal de la podredumbre, la misma gusanera que resbala del corazón de Jesús. Y de pronto, al oír el desesperado canto del yigüirro que va y viene mutado en oleaje, dándole materia a la lluvia o haciendo de la lluvia una invocación, pienso en el Ave Roc, en pájaros oscuros que vuelan detrás de los ventanales de las iglesias de provincia, en cómo el Ave Roc cruzaba el cielo despejado sobre las calcáreas islas, aquella arena blanca, tanto desierto, para abandonar en ellas un elefante: y me has abandonado como el Ave Roc a su elefante, pienso mientras la voz de Amanda Berenguer recorre *La estranguladora*.

2

En la ciudad todo se esconde, nada me muestra el gris abandono que acarrea y me muevo entre cuerpos que hablan y gesticulan sin saber nombres, ningún nombre, nombrar no saben, revientan las astillas de este frío que se ramifica ascendente, habrá un rostro que se vuelva entonces y mire hacia este vacío que gime: aquí un ordenamiento de luces con su origen tan claro que me llenan de anemia, su plan, sus enlaces tan claros que me muero de aburrimiento en la butaca del cine. Materia gris de cuerpos, en cambio, sin origen: las rutas de los animales o los vegetales o los minerales o la trayectoria final de cada recorrido que desconoce su fin: no hay lugar para terminar, ¿qué hubo en el comienzo entonces, cuando los nombres eran como esa lluvia que ahora resbala en los ventanales empañados? La ciudad no carece de belleza (altivos, de sílice jardines) cargada de puertas y aberturas que atravesamos, empapados de cierta monotonía y al mismo tiempo contemplando furtivamente el brillo acumulado en ciertos umbrales, entradas al mundo de los candelabros subterráneos, el parpadeo débil de los televisores en las ventanas de los departamentos y las polillas que salen de las bocas. Penetro a veces en las estancias removidas por la muerte, una muerte tierna, parecida a un brote, recién llegada: le veo las alas o con los dedos recorro la dentadura de quien se abandona a su blandura y se deja ir. Hay silencio en estas estancias, aunque jamás dejan de ser transitadas y ascienden o descienden o desaparecen. Cuesta encontrarlas, brillan sus puertas un momento, esconden el brillo de las lámparas bajo el asfalto. En la última estancia del alma, en el último pliegue del alma, conversa alguien en el bus, veo su nuca, su abrigo en una mañana que transita junto a los parques de fuentes detenidas, arbustos sin movimiento. En la última estancia del alma, en el último pliegue del alma, en el piso agujereado, recién recubierto por los albañiles, en la casa de dos pisos del alma, penetro lentamente en busca de la rugosa suavidad del lino negro que recubre las paredes: encuentro la entrada en donde agoniza, pequeño y falso, nuestro bonsái. Atrás (pensaremos en el mar mientras la sed nos acuerpa y nos retiramos para siempre) la ciudad

es una nube fría, un espacioso salón de relucien-
tes ventanales grises. ¿El Ave Roc a su elefante,
diríamos, algo de amor le concedió?

Siniestro picaflor

Recuerdo la pesadilla de la violación, el nombre que llegaba hasta mí en la percusión acuosa del sueño. Gritaban mi nombre: abrí los ojos al espeso cúmulo de oscuridad blanda, todo un ojo de telarañas. Una y otra vez venía mi nombre desde la lluvia.

Aparté la cortina.

El limonero coronado por un aura amarilla, superficies mojadas. Abajo, llegando a las lámparas de la tierra, candelabro de las raíces, el Niño alzó hacia mí los ojos. Siniestro picaflor le trabajaba el sexo.

Primera intemperie

el fulgor de un limón.
Carlos Martínez Rivas

Abrasadora marea del recuerdo. Inexpresiva o indolente. La presencia del ahora se revela como lo que es: no el aguijón de lo estéril, no el demonio del impulso o de la rabia que aúlla por lo perdido. Tan solo el recuerdo del llanto como decir el recuerdo del mar. Compacto, burbuja salobre que ya no se dice, el presente pálido, piedra caliza bajo el sol.

Abundante, verde, inminente como el morir. El limonero se yergue al lado de la casa y respira los alisios, los desterrados.

Hojas nuevas, la marea silenciosa de los caducifolios. Flores que van del amarillo al rojo, de las abejas a las hormigas.

El hedor de la pudrición. Los cadáveres deshebrados que anuncian el pico de la cosecha de mangos.

En una fotografía aparecen los papayos. Racimas de bananos cuelgan cerca de la fragante, marmórea enredadera. Cáscaras marrones, polvo de viejas máscaras, las hojas secas entreveradas con las piedras encubren las carcasas vacías de las chicharras. La inútil vértebra de un ave, el viento que se arrastra lento, caliente, hacia otra tierra. Las macetas olvidadas, la varilla de bambú.

Descendiendo iracundos como si fueran los pequeños dioses del lugar, los patios de la memoria se perderán en desbandada, parecidos a las garzas cruzando la tarde, animales en estampida. Al paso de la sed irrecuperable de todo lo que no se miró bien o no se supo ver, como si existiera una forma de haber visto bien lo que agonizaba.

Rostros barbados en las ramas, oscuros ojos de un anciano vegetal que repite la maldita cifra de mi agonía. Algunos caminos de hormigas negras que chispean al sol y se arrojan al agua.

Como un lento gusano que se hundiera en la tierra, la raíz sostiene ese cuerpo madre-hija que posa frente a la cámara. Todo lo baña el sol con repetidas agujas amarillas.

¿El espectro vegetal? ¿Ojo de vidrio en el centro de los anillos del tiempo?

La torre de telecomunicaciones está en el centro de la foto, venerada por el sol, hacia ella tendidas las ramas. En las noches de niebla el destello rojo de su cima es un estilete, parece también un faro.

Desde las montañas rueda una voz que habla de este paisaje, sangre, agreste geografía. Regiones frías y sucias, embriones de desiertos.

La esfera que resplandece.

Ese día, en mi cara, reventaron gramíneas pequeñas.

A ras de tierra siempre un color que recuerda la coraza de los grillos. Ese sabor a tierra que continúa bullendo en la sangre: la sangre todavía no se cansa de esperar día tras día el instante en que se muestre, en una breve fisura, la disimetría fundacional de todas las cosas.

Ni la luz de ese sol ni el baile de los tallos que señalan, endebles, la curvatura de la transparencia, el vacío que deja abierto el susurro de las gramíneas.

Un aleteo de polillas que escapan,
el agua del río suspendida

cayendo entre piedras sucias de musgo.
La visión de un cetáceo
en donde hay solo quince centímetros de
    profundidad.
Los niños que gritan en el agua:
las gramíneas,
atrás y ahora, siempre,
ondulan en el aire y el campo,
y aparecen agitando sus largas patas,
mulas del diablo.
En medio de esa patas, alas sequísimas,
huyen sus mamás, sus espaldas herméticas,
se hunden entre los tallos, los abandonan en el
    río:
los tallos acarician, después,
las ráfagas que sopla Julián, alegre demonio de
    las lomas.

Gotea la sangre en la boca del hormiguero. Dentro, en donde vuelan pequeños orgánulos con alas de celofán y huele a pólvora, se marchitan las uvas.

Corro hacia las vísceras de la carne que me dio carne. Es de noche y hay silencio. Podridas estrellas abrevan entre las gramíneas. Mis pasos percuten como ceniza viva, escarcha negra.

Un cesto de pan junto a la ceniza. Huellas del pequeño demonio del hogar que horada lento, con sus dientitos, la hogaza broncínea.

Días de trabajo

Por la mañana desaparecen las nieblas, ese único misterio de los días de trabajo, días sin dobleces, tan mecánicos. Me entorpece caminar desde hace tanto la misma rutina. No me siento brutalmente infeliz pero algo he palidecido. Alguna vez amé una rebelión que ahora no comprendo, fruto marchito.

A lo lejos, en las montañas, las casas brillan como pulcras fortalezas sin fosos ni lanzas y pienso que no está bien que hayan aparecido: estaba bien la soledad, la aridez de las montañas solas.

Un rocío extraño me empapa la cara. Bajo cansado la cuesta hacia el cementerio y el sol empieza a mojarme las axilas y pienso en el olor a tubos de escape, en los edificios y las calles que odio, en las manos que siempre entregan todo mansamente. Si pudiera odiar menos, pero odio demasiado.

Detrás, ya lejos, en una gruta empañada por el olvido, dejé las uvas en amplios racimos y también los recuerdos que tengo de días más vivos. Vale la pena repetir las obviedades: decrecemos hacia la muerte. No hay pacto de fuego ni de sangre, ni quimioterapias ni dioses, que puedan regalarnos un poco de salvación.

El Príncipe de las Tinieblas

Un niño que se encierra en su cuarto a escuchar el *Ave Satani*. Es cobarde. Imagina la muerte brutal de su familia, imagina la sangre discurriendo entre sus dedos.

Este niño cobarde que se encierra para escuchar el *Ave Satani* se masturba compulsivamente. También se pasea por las habitaciones de la casa sosteniendo un cuchillo que le regaló la tierra. Levanta la hoja hacia el aire, apuñala, odia.

Lleva a su perro hasta el cuarto y mientras el *Ave Satani* suena, el animal le lame los genitales.

Se pasa la hoja del cuchillo por la cara. Ah, el pene de San Juan en el Jueves Santo. Desde afuera llega el rumor del sol.

Por un resquicio de la ventana un ojo ávido lo acecha.

Un sendero, migajas

Una historia de la madriguera que dejamos debe llevar encima el olor de las cajas y de la humedad que se iba expandiendo por las paredes del baño sin que pudiéramos hacer nada. Una caja nos contenía. Dos ventanas inútiles y el jadeo de luz que se iba volviendo un grito perdido en el pinar donde pacen los muertos. Trastos sucios, la piel reseca con amenazas fúngicas, las piezas que no encajan, hojas en donde de pronto alguna mano, nuestra o foránea, escribió *posibilidad de cuento*. Migajas en el bosque de los desperdicios, olvidé el cielo mientras era un ratón que se escondía de Dios, ese falso felino. Y de nuevo, cualquier día, súbito, esa aureola de agujas estrellándose contra el azul como si el sol, el disco, fuera cosa propia y exclusiva de esa extensión inversa al mar y no algo externo, abrasado, mudo. Pienso, mientras repaso títulos de libros acumulados en los tres años de madriguera, que los huesos se me volvieron plástico, algo blando. Las últimas noches, mientras el frío va tocando los rincones ahora desolados que alguna vez tuvieron carne, puedo ir abriendo los ojos para empezar a discernir un poco mejor lo que es la madriguera: sus ángulos, los espectros que la rondan, la sangre que, sin saber, dejamos dispersa en ella igual que nuestros desechos: migajas en el bosque de los desperdicios.

164

Posibilidad de cuento: una pareja que vive con la mamá de uno de ellos. Una casa escondida en medio de una ciudad húmeda, hecha de edificios chatos y grises, con ventanas cuadradas y puertas oscuras. Extrañeza de la ciudad que, por ejemplo, sueña la personalidad asesina de un hombre sereno. La madre muere y quedan en la casa. Cueva, encierro, almohadilla de alfileres, bloques grises cubiertos de musgo y liquen. Pájaros incansables sobrevuelan el cuadrado de cielo plomizo que logran ver desde el techo de la casa. Al techo se llega por una especie de escotilla, como si estuvieran en un submarino. Uno de ellos: pájaros carroñeros. El otro: esperanza de un porvenir. Días y días. Noches en las que ya no cogen, antes se mamaban todo el tiempo y ya no. Un gemido viene siempre desde las cañerías y ráfagas extrañamente verticales salen, rugiendo, de entre las tablas del piso que se esfuerzan en encerar todos los días. Espejo de madera. Una seta gigantesca. ¿Qué día llegará para alguno la muerte? ¿Tendrá salida el submarino?

Cosas que suceden en los ríos

Sumergido bajo el agua resplandeciente, desde el fondo opaca, cercana a las nebulosas secretas que el rastrillar un dedo desprende del fondo, hojas viejas vueltas carne suave, trozos de madera que se cubrieron de una piel limosa, guijarros perfectos deslizándose, solo las piedras se mueven con libertad en el fondo de los ríos y él está ahí, ahora, para verlo. Arriba, detrás de la membrana de la superficie y la corriente que jala y deforma las líneas de la vida, las voces ajenas, continúa el mundo y descubre que incluso bajo el agua puede oír, amortiguadas, esas voces que discurren. ¿Le gusta su papá, entonces?, dicen. Me contó la muchacha que viene con él que lo abraza y le dice que son esposos, dice otra voz. Hunde los dedos en el limo frío del fondo, sus dedos quedan sepultados y la corriente lenta de pronto remueve los sobros y el barro y los deja desnudos, expuestos a la luz que los toca bajo el agua. El aire empieza a faltar, hay un progresivo ahogo que se parece mucho a la risa por la forma en que hace brincar el pecho. Ahora oye menos las voces, los pies parecen hojas tan cerca de la superficie, a veces siente que vencen la membrana y penetran de nuevo en el aire, dejando el agua, renegando de su última estancia. Siente que está en la cama, esa noche, y

166

que el agua lo envuelve mientras intenta dormir, y papá enciende la luz, con su calzoncillo blanco, y se acuesta a su lado y se duermen abrazados. Son esposos. Eso es amor, dicen las cosas, todo lo dice, el río lo dice, la corriente lenta lo dice. A veces se dan besos a escondidas, pero eso no lo sabrán nunca más allá de la membrana, en el aire, no lo sabrán, ya no.

Neón

Alguien se enamoró de él hace años y lo invitó al cine. Comieron algo, se sonrieron, hablaron un poco mientras dejaban pasar la noche y decidían si todo valía la pena. Desde el principio él supo que no podía corresponder, y tenía la sensación de que su acompañante sabía que no podía ser correspondido. Pero insistían sin decir mucho, sin obligarse a nada. Tomaron un taxi, él se dejó llevar a un departamento amplio, bonito. Llovía sobre Tibás. En el baño, iluminado por fluorescentes, dejó que lo mamaran con los ojos clavados en su propio reflejo inexpresivo. Ni siquiera se vino. Los neones que anunciaban comida china parpadean en la distancia sobre la calle mojada. Se acostaron después en la misma cama sin tocarse, las manos entrelazadas en el pecho de cada uno como si fueran muertos, y no dijeron nada y no durmieron. Partió apenas llegó la luz gris, al borde de las cinco de la mañana, a pie, sin despedirse, sin volverse un momento, adentrándose en el olvido. Pensó que habría estado bien cobrar, dejarse mamar porque sí no tenía gracia cuando no había llamas. Intentaba olvidar rápido, era bueno en eso. Su enamorado, sin embargo, antes de llorar un par de horas y dormir para despertarse casi a las dos de la tarde, descubriría que en las sábanas de la cama había

168

quedado el olor de ese cuerpo distante que no
tocaría más. Un olor cargado de furia, de amor,
de sobros.

V.

Antaño, cuando papá no se había desvanecido y quedaba de su persona algo muy parecido a la carne, V. podía ver cómo crecían continuamente ranuras y líneas ramificadas en las líneas de su cara, transformándolo a ratos en un pedazo de tierra sin desyerbar. No tenía la intuición, o al menos no existía un reloj grande que con su ojo lo dijera, de que todo indicaba solamente su sequía a destiempo. Todavía lo recordaba nimbado por la noche, tomando de pronto una escarpada ruta hacia el invierno, diciéndole, sereno, sentencioso, sin dejar de ser un payaso, que iba a morirse cuando tocara los cincuenta y cinco con un hígado devastado. Luego, unos meses más tarde, V., estupidizado por la imagen del hígado paterno, ensayó un deplorable poema sobre los muertos de su ascendencia. ¿Pero qué muertos?, pensó V. tiempo después, ¿qué muertos si mis muertos están todavía en el desierto que no llega? Y esa era la maldición de la vida prematura, del desprenderse del árbol del conocimiento sin conocer apenas nada, tampoco el árbol mismo. La vida prematura le olió de pronto a piedra caliza, a miel estancada, ya sólida en un frasco a través del que se desliza el sol. El fósil familiar se le fue dilatando adentro, como una chayotera salvaje nacida cerca, en el nudo del mal, espectros ásperos como una piedra de afilar o como un brazo sin musgo tocaban la puerta y tenían de pronto una mariposa mortuoria, un ataúd. Vidas prematuras que desconocían el grosor infecundo de esa fosa familiar que con tanta diligencia V. escribió en su penoso poema, fosa común de los huesos comunes, cartografiada pudrición en marcha: esa voz impersonal, sucia, que insiste sin parar en los lazos de sangre. Los años pasaron para V. y como la muerta vegetación iba creciendo alrededor de su casa, se fueron acumulando atrocidades alrededor de los dedos de sus pies. Babas del hado, pensó V., y recordó unos versos del malogrado:

desearás a tu papá
una caricia suya
que dibuje su reverso
una melodía parricida
un canto lúgubre al incesto.

Y continuaba al tanto, todavía, de lo que significaban el llanto y el torrente de la gracia, el témpano frágil de la madrugada paseando sus tentáculos, su culo múltiple, las notas feroces de la muerte así de pronto, sellando con cada gota de mixturas herbóreas el pobre tejido hepático. Sabía V. la frecuencia con que lloraban las mujeres que lo trabajaban, que cincelaban su estilo, su estilete, sabía el color de las flores de vestigios, de la tierra soñada y del grifo invisible que rodaba siempre por las habitaciones esparciendo los secretos con que lograba masturbarse. Cargaba un río de viento, sangre de agua. En las tardes explotaban los tímpanos a punta de pedradas y dinamita y olvidaba el futuro. ¿Qué futuro? Se preguntaba V., si no hay muertes a futuro, hay muertes del ahora, segmentos de gusanos, mausoleos que suben y bajan como el oleaje que insiste en el sueño, ruinas hechas ahora y ahora perdidas, un estar siempre muerto pugnando por decir que hay un desierto futuro, en él la muerte, no ahora la muerte, una nube de pájaros platinados en la tarde de interminable llovizna. Ahora papá era una grieta, lo habían enterrado a los cuarenta y ocho y no a los cincuenta y cinco. Era un hígado errante, una cirrosis que chorreaba del álbum familiar, y mamá había echado por tierra sus manzanas y larvas verdes y vivía en una exterioridad relampagueante, con exaltadas crispaciones de vida a veces, con enredaderas, vestigios, y mandaba canastas florales, aromas y frutas invernales, sombrías casi siempre como la pulpa de un caimito, y decía: a V. con mucho amor y escarabajos negros.

El libro por venir (II)

Deberá ser un libro sobre el agua y la muerte. Tendrá su boca, su túnel carnoso y húmedo, la bolsa y los intestinos, tendrá su carita, claro, y una puerta para los que decidan abandonar la función a tiempo. Será un libro sobre el fuego, el fuego de las incertidumbres y el desafío que consume las ramitas crípticas de la zarza. Deberá ser el Gran Libro de mi vida, el único en escribirse, luminoso de verdad. ¿Dónde comenzará exactamente a hacerse? ¿Habrá comenzado ya, moviéndose pantanoso en un limo que no veo? Es curioso que lo más cercano a un comienzo, ahora, sea pensar en cosas que me obsesionan desde siempre, en las cuales vivo, a las que no soy capaz de atravesar con mi escritura. ¿Por qué se me resisten? Valdrá el ejercicio de esperar el sueño ejerciendo solamente el dormir, sin esperar estar en el sueño: esperar la figuración del sueño anula el sueño, arriba el grafito en donde no perduran las siluetas. No habrá forma de comenzar, no habrá posibilidad de aislar algo que se parezca a un estallido, estaremos entonces dentro y fuera simultáneamente, leyéndolo en la oscuridad, olvidándolo en la luz. Danza ante mí, como no lo hacía hace mucho tiempo, imágenes cargadas de afectos amenazan con asentarse y no chispear más, me urgen con lanzas pequeñas:

recordados alfileres. Luces dentro de un reino de sombras, en un pozo solo visible desde la torre de la cama (en la oscuridad la voz que narra la travesía del Soldadito de Plomo: las escamas del pez eran como un confite de naranja brillante, los que venían envueltos en papel blanco con los moñitos verdes), gotas de agua en un vidrio. El tiempo es el cielo sin estrellas, sus nubarrones son hechos con pintura fosforescente, un cielo de cartón para sostener planetas de papel y goma blanca, irregulares, en alambres, dentro de la cámara oscura del universo diseñada por mamá. Es un paisaje solamente, una constatación de que deberé encontrar la fórmula para abrazar la idea de un mundo siempre hostil y oculto viniendo hacia mí.

Revelación

Había al lado de la casa, más allá de un gran mango y casi fusionada con las ramas de algo semejante a una glicina, siempre móvil, cargada de nudos y largas, vacilantes flores violetas, una casita de madera sostenida por cuatro troncos en cada vértice de su planta cuadrada. Era pequeña y blanca, manchada de barro, percudida a partes iguales por el sol y por la lluvia. Se subía por unas escaleras angostas y adentro había muñecos, botones, agujas clavadas en la almohadilla de los alfileres. Un día cumplió once años y ya no quiso entrar, pues cuando puso un pie en la escalera, algo crujió, se dispersaron las flores, los botones entraron en temblor.

1

Desaparecer es estar continuamente, asumir el rol de una polilla que nunca deja de ser sombra tras el papel. Hacer ese ruido que quiebra el símbolo de la casa nocturna y la sumerge de pronto en un desierto. Ahí, estar en la casa nocturna es dormir en una isla desierta y sentir la brisa como una voz conocida apenas, una palabra cuyo significado es desconocido. Ahí, la duna o el dromedario son el movimiento de la cara contra el espejo, contra la luna. Desaparecer. Ir al espejismo del desierto en donde moran los espejismos. Revolver el polvo que acompaña al sol de la mañana, el que entra y muere en el brazo de un espejismo que lleva mi nombre.

2

Kafkianamente podría uno abrir los ojos y ser, en el aire de luz cansada, la polilla gris de los periódicos, la que busca el balcón para el suicidio y se arrastra por el desierto de las caras conocidas. Y kafkianamente habría que despertar siempre, arrojados insectos, a la luz de la jaula y a las nubes de tinta que luego solo llueven. Y aceptar que todo muere por una fruta arrojada con desgano, por la misma artimaña de un papá que solo en un sueño, hace años, tuvo presencia.

3

Imposible saber cuántas zonas de sombra nos
componen, o cuántas fuerzas opacas están constantemente cavando nuestra tumba. Otra cosa
que no sabemos es la magnitud de las bestias y la
playa de tonos rojos en donde pacen, sobre caracoles y medusas abiertas. Por zona de sombra es
fácil entender cada afasia, las miles de tachaduras
o la lluvia, los parques y los paraguas. O lo que
no nace, lo que nunca fue.

4

Nada es posible cuando uno sigue presente: ni
encender una lámpara, ni limpiarse el estómago,
ni tratar de hallarse las alas. La luz nos deslumbra
y el cuerpo retrocede hacia su cueva, y luego,
sin la luz, pregunta por el fondo de lo vivo, por
el nudo que solo se toca cuando ya no se existe
más, ausente la presencia, y aparece un flotar sin
fin entre las islas.

5

(desfilan encendidas medusas: el mar al lado,
las tijeras —pequeñas criaturas bípedas de herrumbre fresco— también buscan las pirámides
de sal: así son las medusas y las tijeras, entrelazadas en su caravana hacia el mar)

6

La línea del agua es la línea de la vida, el espejo
débil del nudo: esa orquesta constante, refractada,
las burbujas despegando de la boca de los ahogados, el ruido de la polilla tras el papel, la palabra
antes y entre palabras, la zona de sombra y nunca
la frontera entre lo mojado y lo seco, nunca la
línea solo de la vida o solo de la muerte: la línea anfibia, la escritura anfibia, la vida empapada
de quiebres y hoyos, de constantes pájaros salinos
que nacen del mar en un choque de agua y piedras.

7

De pronto aparece un pozo y todo cae dentro.
Todo empieza a caer, no arde ni grita en la caída,
el pozo se achica a medida que todo cae. Las cataratas caen, caen las lluvias, caen los pájaros nacidos
de la colisión en el mar, caen los pinos y los bambúes. Dentro del pozo todo encuentra su parcela,
ya mutilado. Lo seres caen aunque no crean haber
caído nunca, aunque no parezca que caen, aunque sienten que todo es solamente continuar.

8

¿Y cuando mueren finalmente los destellos
de la muerte quién alimenta sus peces grises?
¿Quién vierte el vino en las capas o se decide
a cerrar definitivamente las ventanas? ¿Quién,

cuando muere la muerte, siente los vientos y el
último sol y puede sonreír? ¿Cómo se miran las
viejas fotos cuando esa arruga fundamental yace
descalza en la sombra del pinar? ¿Y quién per-
dona entonces y quién desata y une? ¿Alguien
descansa, entonces, alguien se apaga fuego en los
ojos y se alimenta? ¿Alguien brilla? ¿Quién puede mirar la transparencia?

9

Es ceniza flotando en la superficie, en la película de luz de la pecera. Adiós a las escamas y a
cierto color inmutable que proyectaba el cristal sobre sí mismo. Adiós a los ojos negros: ya
sin la luz, de pronto, la membrana desaparece
y hay solamente el ruido del desgaste. La neblina y las ramas negras, la calle, los pájaros en
los cables del tendido eléctrico, escondiendo la
cabeza, remando hacia la tierra blanca. Y el sol,
todavía vivo, latiendo, con el cobre, con el polvo,
flotando con la ceniza, precipitándose ya hacia el
mundo de la niebla.

10

El hilo de los días hace reventar de pronto las
naranjas. Hace que las ramas ensucien el aire te-
rroso con la ceniza de las pulpas, con sus dientes.
Es una guirnalda tan tenue, el hilo de los días,
que en lugar de hacer estallar cuadrículas en los

calendarios y pobres relojes de arena que sobreviven todavía hoy, hace reventar naranjas de ceniza, calaveras animadas al lado de las aves y las patas intocables de los grillos. Así se mece entre explosiones el hilo de los días, con ríos de ceniza y dedos quebradizos contra la puerta.

11

El hilo de los días es lo mismo que un diario: el secreto balcón donde se acoda uno a recapitular miserias o vaguedades: la fruta que se desprende, el mínimo movimiento del polvo. Pero un diario no está nunca al ritmo del hilo de los días, no puede seguirlo en su pretendida linealidad de calendario que a veces se olvida del vértigo que expande el ritmo somnoliento de las cosas sobre el mundo.

11

(de pronto hay otros cuerpos que buscan el mar, de pronto surgen, asoman los ojos a la superficie de la arena y no encuentran la luz, no siguen la línea del agua, no se acoplan a las mutilaciones, es decir, a las tijeras)

12

¿Son los diarios respuestas? ¿Escribir una letra tras otra, con la impenetrable imagen de mi cuerpo detenido, en el patio sin plantas, como

un pequeño desierto, lejano, caliente, es una respuesta? Pero no soy un ser de respuestas ni de
altares, tampoco de puertas que esconden ese
patio seguro en donde jamás ha muerto nadie,
en donde no es posible ver una calavera o una
lápida. Fue hasta que rescaté las fotos del fuego, hasta que vi de nuevo el naranjo agrio y las
palmeras, la mesa de flores y las sillas forradas
de rojo, hasta que construí el ritmo diario de la
vida pasada, descubriendo la melancolía tierna
de vivir, que pude estampar en el papel una letra.

13

La inflamable densidad de los autobuses en la
primera mañana de soledad. Húmeda, viniendo desde aquella madrugada fría y sola, con la
luz grisácea y las ventanas muy cortas (como los
pantalones del muchacho al cruzar la puerta y
sonreír), penetradas por ese olor sucio o pesado,
más pesado, despegándose de las terminales de
buses espectrales y del sudor mismo que siguió
vivo en el cuerpo ya empequeñecido.

14

Yo creía en el hilo de los días. Me sentaba en
un sillón solitario y sostenía cuerdas sin color
que sostenían, a su vez, planetas. Luego giraban.
Las cuerdas sin color se iban enredando, poco
a poco, alrededor de mi cuello y no dejaba, a

pesar de la asfixia, de la muerte, de sostenerlas. Las esferas, girando, hicieron volar páginas del calendario, enfriaron la tarde, la porcelana, fueron decayendo sobre la luz y los dibujos del jardincito (las flores de la manzanilla, las vainas del vainillo, los pinos, las gramíneas en las orillas del río) y se llevaron el olor de tierra mojada. Mis manos, el sillón y la ventana descarrilándose tras las esferas, lentamente, encuentran un sobre sellado, relojes, un sendero hacia el depósito de las telas. No dejar nunca de sostener planetas con el cuello, me repetía, y verlos cuando ya nadie crea en la fuerza de los patios desvalidos, verlos entonces transformarse en ojos. Pobre sendero, pobre círculo. Las manos, al final del patio, donde siempre hay conejos y gaveteros, escrutaron las imágenes, el friso congelado del hilo de los días, esa fe maligna que acechaba siempre, que parecía llamar desde el sobre sellado, desde la gaveta, y hacer crecer un arácnido mito familiar, plagado de esferas y regiones, y estoy solo en mi sillón, sosteniéndolas, las cuerdas sin color.

15

Poco a poco aparecen los animales, sin ser notados. Luces rojas, ciertos relámpagos debajo de los ojos que recuerdan rincones de sangre, cúmulos de erizos. En el mismo sillón, bajo la misma lámpara, los años que reposan no dejan

182

de ensanchar, cada vez más, la inmensa zona de sombra, la zona tórrida de la carne, ese otro animal casi olvidado, denso y volátil sobre la piel.

16

De pronto la vida es tan poco útil como los pulmones bajo el agua. No es la vida lo que busca poblarse de escamas, la que busca tener branquias y aletas. Son las sombras las que piensan. En un frasco, de espaldas al sol, añoro la madera, la luz.

17

En la tarde lluviosa dos mujeres conversan y mueven las manos. Flores secas sobre el polvo, un pequeño sol gris se muere tras las ramas. Un planeta que no continúa en órbita. Cuando mamá ríe en el patio, una atmósfera se disipa.

18

De las revelaciones nada se sabe o muy poco se entiende. Recuerdan cosas simples: naranjas de ceniza, los peces muertos en la superficie de la pecera, las mariposas nocturnas sobre el periódico, el sol sin luz que se desploma. Lo que se esconde está por revelarse siempre en la palpitación de la tinta. Bajo tierra, pequeños hálitos luminosos hipnotizan los cuerpos de los conejos.

19

En la misma tarde de lluvia empieza a deslizarse algo como una isla conocida. Las puertas abiertas y las ventanas abiertas, infinitas del sol caído, y con pasos de conejo yo avanzo en las madrigueras, en el útero avanzo, rodeado de risas y flores blancas, pequeñas abejas. El viento y los caballos saltan y provocan con sus ráfagas que se cierren de golpe ventanas y puertas. ¿Qué oído escucha a esa mariposa nocturna caer dentro del balde de agua llovida? ¿El sonido de la superficie, de las alas contra la superficie, es el mismo de las fotos dentro del sobre que ahora sostengo?

20

Dentro de todas las gavetas reposa un corazón. Con los años, además de él, aparecen larvas que se duermen sobre su superficie húmeda. De noche, bajo la madera, arterias constantes. La casa de la infancia es un órgano que se pudre poco a poco, plagado de gavetas. Instalado dentro de su árbol nimio, plantado junto al sillón, en la maceta de tierra negra, un ser sin palabras, otra larva pálida, sostiene el hilo de los días. Luego, como si fueran semillas, las gavetas ondulan con las mariposas nocturnas.

21

Ingreso en la luz, incrédulo, en la penumbra
y en la madera penetro: en ese cuello de vidrio
que se forma de pronto ante las puertas. ¿Quién
soy yo para meterme en la casa de esas sombras
que antes de mí se reunieron en torno a esta
misma luz, esta misma puerta? Sus voces cuelgan
todavía y se mecen, jugando en el aire de lo im-
borrable. Las fotos y el fuego inmóvil, el fuego
que sigue de pie al fondo de la casa, como una
vela que se deshace sin abandonar los marcos de
los portarretratos. Cerré el paraguas ya mojado
por la lluvia, vi caer gotas sobre el piso, la puerta
cerrada ante el acecho de la tormenta que seguía mis pasos. El agua se enreda constantemente en la calidez moribunda de las sillas y eso pasa,
pienso ahora, tal vez, porque ahí se concentra el
pulso, el corazón del ocupante cuando se forma
su ausencia, el recuerdo de su voz. Avanzo hacia
la opacidad de la sala vacía, el juego de comedor
recuerda un montón de cornamentas de ganado
rodeando un remanso de agua clara. Encuentro
la cara vacía de una mujer que repetía mi nombre a menudo, tengo miedo de no verla más,
de no escucharla más, pero eso es justamente lo
que sucede, la pierdo, la dejo de oír, mi nombre
se le borra, su memoria se desborda y pierde mi
nombre en los límites de una intemperie que
es ahora suya, un infinito que le cabe en la piel,

en el progresivo deterioro de todos nosotros. Esa luz mortecina la acompaña, siempre sobre el barniz de la mesa, tirando sus hilos hacia las ventanas, hacia el techo y las vigas desnudas. Esa luz esférica y vieja que sigue detenida en el espacio grávido de pérdidas. Un espacio funerario, amplísimo, soñado, que sabe apenas del resplandor del rayo, un espacio hecho de llamas heladas, imágenes y agujeros y esa voz colectiva, nuestra, que se estrella contra las ventanas como arena, contra mis costillas como arena. Avanzo y me pierdo entre sus ranuras, avanzo y tengo cada vez más imágenes borrosas, lagunas, manchas, lejanías y círculos que hablan de mi zona, de los míos, de esa luz sepia que domina la lluvia de junio, el silencio, siempre el silencio y su color.

21

(la playa está podrida de carne translúcida, medusas, tijeras, huellas abiertas, mis dos pies, a los cinco o seis años, corriendo hacia el mar, gritándole al mar).

Gatos (II)

Bruno ante la lluvia

¿Qué será para él este derrame masivo que invade los techos y salpica su ventana? Él, que no conoce el afuera, que si guarda algún recuerdo del olor de la tierra lo tiene incrustado en sus patas. ¿Habrá nacido en el monte, bajo la lluvia? ¿Habrá tenido sobre él una separación que le alejara el cielo o la intemperie? ¿Un saco de tierra, los chillidos de las ratas alejándose? Ahora está inmóvil. El agua, esa sustancia que siempre mira indolente en su tacita, es ahora continua, es todas las cosas. En el vidrio hay muchísimas gotas que caen y se aplastan y él las mira descender hasta que desaparecen en una colisión con la madera del marco, las mira sin pensarlas como nada, ni siquiera como agua. ¿Qué verá llover Bruno si ni siquiera ve llover? Aparece una dimensión líquida de las cosas, una pérdida de los límites y las membranas, un frío que lo hace aquietarse y lo llama, lo apacienta. ¿Qué sentirá derrumbarse? ¿Cómo será su memoria? No hay número ni lógica, hay luces que se suceden unas a otras, nebulosas en donde nosotros desaparecemos, revueltas de los elementos, secretos en las repisas. Tal vez cuando acabe de llover y se voltee para notarme, para devolverme a la claridad de su contemplación, sienta algo parecido a mi vértigo y se pregunte qué hago a su lado, qué soy además de un vértigo inasible, una compañía totalmente remota.

Mensaje de algún dios a sus criaturas

Cler espera camuflado en los pliegues de las cortinas, blanco como ellas puede escabullirse del paisaje de la casa, convertirse en una masa de nada. Acecha una lagartija negra, su cola de un chillón tono azafranado. Se mueve cerca de él sin notarlo y de un momento a otro sentirá cómo la apresa entre sus zarpas un montón de tela que cae en catarata sobre el piso desnudo. Lo hace ahora, esas mismas patas, ese lomo arqueado que hace un momento estaba bajo la palma de mi mano muta de pronto en un asesino por divertimento, en un pequeño dios arbitrario que decide jugar con la respiración de seres que juzga inferiores. Afuera hay un cedro sin hojas que agrieta el cielo, están las palmeras en sus macetas, está el recuerdo de los pinos. La cortina se levanta por las ráfagas que preceden la lluvia, forma una burbuja dentro de la cual Cler destroza el cuerpo de la lagartija y la mastica solo un momento antes de dejar sobre la cerámica una mancha de sangre, la cola que se retuerce a centímetros del cadáver. Su lengua recorre sus bigotes, minutos antes recorrió mi mano: me gustan estos abismos incrustados en las postales domésticas, pequeños océanos de un pulso indomeñable que disponen a su antojo de vidas sin mirar atrás, advirtiéndome una y otra vez que el mundo es hostil, que he sabido a veces sembrar algo de amor, con ellos he sembrado amor, pero el amor solo es en medio de la hostilidad: el amor sombrío desborda de sus ojos. La sangre, los pedazos de la lagartija, el viento en el cedro sin hojas lo atraen y lo miro salir dejando atrás el desastre que yo limpiaré, hincándome sobre los despojos: si su zarpa fuera tan solo más grande, pienso, si su hocico un poco más grande, si su peso pudiera doblegarme, ¿merecería yo su misericordia?

Un día de tala

Como siempre al despertar del sueño de plomo del viaje, David está a mi lado. El sonido herrumbroso de los frenos del bus deteniéndose en la última parada antes de comenzar a descender los caprichos de las Vueltas, la represa, los precipicios, el puente del río Grande. A través de la ventana abierta entra un aliento áspero y cálido de zacatales resecos, predispuestos al fuego, pues se queman siempre todos los cerros y en las noches colorean con líneas ardientes el horizonte y hacen llover trozos de materia quemada sobre los patios y el pelaje de los perros. Pasamos el peñasco con las risibles ruinas de la Aduana, la casa de los fantasmas entre altas palmeras, casi derrumbándose en la parte trasera del elevado promontorio, desgastado, que la sostiene. Pasamos las altas paredes rectas, la cresta inverosímil, rocosa, apuñalando el cielo despejado. La represa al fondo del precipicio, el agua del río deslizándose por una superficie parecida a una cuchilla que refracta el sol, hilos de agua precipitándose desde las altas paredes del acantilado. Caemos de nuevo en el sopor de plomo de la última media hora de viaje y cuando vuelvo a abrir los ojos, después de una ensoñación confusa de voces y risas sin origen, estamos cerca de llegar al centro: él despertó antes que yo y mira por la ventana.

190

Hacen treinta y tres grados y nos da directo en la cara el vaho del motor del bus cuando bajamos por la puerta trasera. Nos reímos de la sola idea de pensar en caminar hasta la casa en medio de este infierno. Subimos a un taxi: aire acondicionado, un golpe de frío inaudito que me hace casi arrugar la cara. El adiós de rigor al cementerio intentando ver la mayor cantidad de tumbas, los arreglos de flores, el movimiento del toldo como si fuera un peón en el tablero de ajedrez, marcando la tumba nueva recién ocupada o por ocuparse al día siguiente. Pienso que la infancia es como el charco que dejaba la lluvia mañanera, la lluvia de la madrugada, sobre la calle: lo mataba el primer sol, el sol oblicuo lleno de navajas, que rompe sigiloso las ventanas con sus torbellinos de polvo. Adiós chiquillos, dice el paisaje mientras se aleja hacia la nada, evaporándose. Al llegar frente a la casa escucho el sonido de la motosierra, el crujir de las ramas, los mangos que daban sombra precipitándose a la tierra, soltando astillas en el aire, las ramas quebrándose todavía en tierra y un hueco en el aire, en el espacio un vacío que nada llena, un vacío que sentirán las golondrinas en las tardes despejadas en que toman todo el campo como una esfera en donde ensayar el quebradizo baile de su vuelo. ¿Es vanidad protestar por la muerte de los colosos? Primero los pinos, después el bambú, el espavel inmenso y ahora ellos. Hay un cierto sadismo en talar aquí, reímos al comentarlo pero al mismo tiempo se vuelve amargo: el trozo de bosque con que sigo soñando, en el que aparezco hundido hasta las rodillas, parece cada vez más un delirio. Esto fue de ellos mucho antes, vieron morir a los muertos de nuestros muertos y los que queden verán morir a los muertos de los vivos que nos sucedan. Aplacaré la rabia mientras continúan las motosierras y David me dice que es un día triste, lo sabe. Antes de que oscurezca caminamos en medio de los troncos mutilados, los pedazos de ramas, el olor resinoso, la vibración de la caída todavía presente. Hay algo de vanidad en no querer ver morir el patio en donde aprendimos que las cosas se pierden para siempre. Volvemos a la casa con la imagen fresca de los charcos de agua que el primer sol evapora.

Luto

Este será un canto fúnebre, animal y mío, en donde lo que muere es ese animal que al presente se acerca y se ve a sí mismo como un calco de rancia ceniza. ¿Y aquella furia que legó, aquel canto metálico lleno de tonos en llamas? Descubre que para el presente lo único que hay son esos cinco rostros cadavéricos que a veces cantan desde el techo y a veces se precipitan como aves de rapiña sobre la carroña para murmurar y reírse bajo la cama. A veces, a su cuerpo del presente, lo consumen gusanos largos, blancos y afilados y lo arrastran hasta los viejos ángulos de la casa en donde se queda ensimismado, sin hacer nada. Importa tanto que ese cuerpo se pliegue otra vez a lo que siempre fue, a lo que arrastra, importa tanto que se levante y vea la existencia remota de ese torbellino en él, de nuevo respirar el ansia de erigir monstruos contra la sal. Animal remoto, ajeno, un desplazamiento hacia las cuevas pilosas de donde emerge el sudor de la incertidumbre: ¿habrá sido real esta invención, este panorama posible de mundos vibrantes como copas de cristal una detrás de otra? Al presente se acerca para verse como un calco de rancia ceniza y provoca en él, en su más reciente encarnación, la presencia de un lago de insinuaciones, una serie de pálpitos hacia las dudas y la germinación: el sexo, la pornografía, la imagen como vehículo supremo, la fuente de la vida en la desbandada. No permanecer quieto, no seguir el hilo, perderse en el laberinto: no morir jamás sin laberinto, perdido y jamás hallado, jamás recuperado para ser un cadáver moviente, para ser la burla de los cinco rostros que lo arrastran hasta los ángulos de la casa y lo postran en la nada. Ahora está desnudo y se contempla desnudo en la luz, su cuerpo lleno de brotes, algo todavía está latiendo ahí, algo todavía no rompe hacia la superficie, una música suena, pequeñas figuras cruzan las montañas hacia este animal disgregado, único.

Julián

Me llevan de la mano hacia el baldío. En el baldío estarán las gramíneas, la manzanilla, la san-
talucía. Diciembre 14, 1998. En el baldío invocamos a Julián, el viento. No hay Céfiro ni
Bóreas entre las montañas pequeñas y marrones
del valle, está Julián, hermoso, desnudo, haciendo que los muchachos y las muchachas se abran
las venas después de contemplar la belleza de su
cuerpo en el viento que es su piel, el olor acre
de sus ingles tan cercano al de la hierba quemada, el sabor de su boca que llena como las
hierbas frescas que curan el estómago, su sexo,
sexo de Julián, que babea como la sábila sobre
los vientres y las nalgas de los niños ofrecidos a
su misterio: me ofrecen a Julián, en mí babeará
su sexo supremo, será sobre mí luz, un torrente
de aire incansable a través de mi vida. Me abrirá
un tajo detrás de los testículos, me pasarán entre
las manos de la concurrencia mientras chorreo
sangre sobre los brazos y las tetas, me besarán
los hombres, me saludarán las mujeres, hasta mí
vendrán los pájaros negros emisarios de la Virgen de las Rosas, hasta ella me llevarán herido y
ella me lamerá la sangre tan solo para probar una
vez más el sabor del sexo de Julián, alegre demonio del aire. Un viento cargado del aroma del
fuego, de los troncos quemados, de los animales

que se abandonaron a la muerte en medio de su corriente. El olor de los frutos macerados, podridos bajo la planta de sus pies, sus noches de agitado sueño que desprenden sudor de su cuerpo y lo distribuyen sobre las hierbas del campo en forma de rocío helado, el olor de los muertos que lo veneran desde sus tumbas y el de los muertos que permanecemos en el campo venerándolo desde la vida a cielo abierto todavía: el olor de nuestros propios cuerpos transformados en baba y astillas. ¡Julián! ¡Julián! Gritamos en el baldío y esperamos, tiemblo de pies a cabeza, preparo mi carne para su llegada. Se levanta una nube de polvo en el límite del campo, vemos pasar los pájaros negros emisarios de la Virgen de las Rosas y la primera muchacha se orina en los calzones y aspiramos el olor de la orina mezclándose con la tierra suelta y lo sabemos cerca. Diciembre 14, 1998: Julián vino hasta nosotros, cantó, rugió sobre nosotros, alegre demonio del aire abrió un tajo detrás de mis testículos, su rostro es un montón de lana puesta sobre el aroma del café, sangré en sus brazos, alegre demonio del aire, alegre demonio del aire…

Lo agreste

Aquí sufrí.

Conocí los tomates verdes por primera vez, vi cómo crece el maíz hasta tener el tamaño de un gigante y descubrí el color que toman las tardes en que alguien muere. A la sombra de los espaveles se alzó el fuego de los aquelarres, en sus ramas altas está todavía la cuerda de la horca y el agua de la quebrada, hoy extinta, perdida entre la mierda y los pesticidas, sigue reflejando los sacrificios.

Aquí comprendí lo que era temer a las voces que llaman desde la noche, que tocan la ventana y piden entrar, comer. Por las noches siempre, todo siempre en el viento infértil y ríspido de lo agreste. No es gris, ni marrón, ni amarillo, no arde, no quema, no crece, lo agreste. Nube de zumbidos, planeta que orbita siempre en torno a la nada, lo agreste manipula mi carne y la carne de los otros, los míos.

Aquí conocí el dolor del metal, el leve óxido que puebla la sangre de las bestias, el estertor de las bestias cuando mueren. Las cópulas con el ganado, la muerte de las lagartijas por placer, el lamento de hambre del coyote perdido. También vi el abandono de Dios, las cuentas de plata rodando sobre el mosaico, las cortinas abriéndose al Demonio, el Demonio susurrando sus asechanzas mientras yo lo comprendía y cerraba los ojos intentando decir no, nada es cierto. Aquí vive la miseria del pasado y del futuro, el vuelo rapaz de los zopilotes encima del ternero destazado.

Luego crecen flores, desfilan hormigas, mueren inmensos árboles cargados de historia, los que continúan vivos apagan las candelitas puestas encima de un queque y se abrazan bajo el arco del tiempo hecho con globos de fiesta. Aquí está todavía la tierra en que se pudren los huesos de alguien que quise, gira todavía el aire que me rodeó la noche en que perdí el horizonte del fuego.

Aquí vive el fuego, la danza macabra de los humanoides opacos, siluetas de un pequeño tártaro que mirábamos arder desde el patio de la casa.

Aquí invocamos al Innombrable: giramos la cruz al revés y luego rogamos perdón a Dios, el Desaparecido. Tememos a la muerte, no porque la muerte sea la muerte, sino porque existe el infierno y no el cielo, el paraíso no existe. Los campos están poblados de suicidas, sus fantasmas vengativos braman entre la maleza, cantan su letanía al viento para que el viento nos arañe las paredes.

Aquí temí la enfermedad, clavé una aguja en mi carne en honor a una muñeca de trapo, en

nombre de un ritual más grande que todo lo
que conozco. Aprendí a roer la piedra que talla
esta geografía, aprendí a volver en sueños, cada
noche, al cementerio sin gracia de cruces uniformes, lápidas comunes, farolas encendidas.

La tierra no tiene sabor, es una pasta insípida.
Aquí se van moliendo poco a poco las palabras,
quedan moribundas como insectos tras la lluvia.
Repito una y otra vez el sueño de lo agreste:
aquí sufrí, aquí viví, moriré aquí.

Primera vez

La primera vez que le puse el culo a un hombre tenía nueve años más que yo. No tuvo paciencia para dilatarme, es decir, no hubo mucha lengua de por medio. Leprosa lengua. Un pequeño televisor hacía ruido mientras yo sonreía y lo iba recibiendo, centímetro a centímetro. Luego todo fue un revuelo de golpes suaves y un dolor acerado, de vidrio, y carne húmeda y un llanto que apagué de pronto, inútiles protestas por el afloro del dolor y sentir con turbación la fuga excrementicia, la incontinencia.

Destruido, me relamí de placer.

Se vino en mi boca (caliente y espeso, un sabor ácido) con pedacitos de mí.

—No te hiciste la limpieza que te pedí —me dijo el Príncipe Feliz.

—No —le dije.

—Vení, te enseño a sacarte la mierda.

Ascos maestros

Sueño que José Donoso camina a mi lado por una plaza húmeda y arbolada, dentro del campus de la universidad que abandoné. Encima de nosotros, cruzando un cielo acerado, casi de yeso, hay un árbol inmenso, una especie de ceiba que filtra el relumbre añejo de los adoquines. Bajo nuestros pies, en las grietas, crecen el musgo y la maleza. Hablamos un idioma desarticulado: se comienza una palabra y no se termina de pronunciar y se busca con desesperación el sonido adecuado para llevarla a su fin. En *Casa de campo*, recuerdo, los niños a merced de los salvajes tenían su propio idioma. El lenguaje de los monstruos, en otros de sus libros, es eso, una desesperada búsqueda por lo que de pronto invade el silencio. Las arrugas, la sangre menstrual, las cabezas flotantes, los jinetes que cabalgan a la orilla de un río, las pelusas que se recogen del baño. Le tengo asco. Reímos. De pronto rodamos por una pendiente. Al final estamos en medio del pozo que forman nuestras propias vísceras, imposibilitadas para deshacer el enredo: mi estómago y el suyo (al que le faltaba un pedazo: la úlcera y el pájaro), sus intestinos y los míos, sus genitales y los míos. Hay un miedo ilegible, un olor a condena, a relectura impenitente.

Fuimos bruma, sombras, pálidos seres. Un obsesivo canto al pasado que jamás va a detenerse. Un verso de Olga Orozco: *Es un pueblo disperso por áridas distancias.*

Las áridas distancias pueblan otros mapas, otros territorios donde la carne y la tierra se ensucian interminablemente. Es el sol de un mediodía de abril que sigue ardiendo en algún sitio próximo al estómago.

Quedarse sin luz. Taparon el tragaluz y los contornos huyeron. Podemos palpar siempre, sin detenernos. La oscuridad, la ausencia de contornos, de siluetas, hace aparecer violentamente la casa que habitamos: una cueva, un pequeño y ajeno útero.

Mis ensoñaciones emanan de esa esfera toda envuelta en espinas que flota en el centro exacto de la casa. Cuando me voy por la mañana está ahí, flotando simplemente, como una roca que no coincidiera con su espacio. Vuelvo por la noche y la encuentro al encender la luz, en la misma falta de simetría. Cuando apago la luz y me envuelvo en las cobijas, sucede: brillan todas sus espinas y escupe una que me perfora el cráneo y entra en los salones de mi cabeza, buscando un sitio más fresco y ventilado. Entonces sueño con mi vida y con mi casa, una casa sin centro y sin esfera.

Siempre ha pensado en un libro que no sea un libro, que no responda a la lógica que presupone un libro: su gramática, su lengua, su convención, incluso su estilo. El libro que aparece ante él cada vez que invoca su deseo está hecho de pedacitos de vidrio o granos de maíz. ¿Cómo reconstruir lo que desde siempre fue polvo? Muchas veces intentó escribir ese libro fuera del libro y falló. ¿Cómo huir definitivamente, cómo dejar atrás al tiburón? Claro, no había que esperar la llegada de los vientos propicios o resguardarse bajo cubierta, había que tirarse al agua y dejarse matar por la bestia. Ojos cerrados y músculos rígidos. Huele la sal, el miedo, la noche. Va a saltar al agua, el agua ha sido siempre el amnios, el mundo entero. El libro-no-libro se escribe en un libro, se injerta. No solo los grandes tiburones blancos de vez en cuando dan la muerte.

Como si tuvieran vergüenza de existir. Eso decía alguien anoche, en mi sueño, sobre las hadas y otras criaturas que poblaban los alrededores de una gran casa de campo. ¿Estoy poniendo la casa ahora? En la noche, cuando escuché la sentencia, era solamente la voz: *como si tuvieran vergüenza de existir*. Lo que hacían entonces esos seres era taparse la cara, llenos de vergüenza de ser corpóreos, de estar. Así debería ser mi escritura, como el trasgo avergonzado. Que hable de flores irreales, de seres absurdos, de pesadillas sangrientas. Que prefiera negarse a lo que se espera de ella y se deshaga siempre con violencia, siempre, como si no quisiera ser.

Elegía por el pastor de los muertos

No saben lo que yo sé, estos nuevos pájaros siguen estando como adornos nada más, nada más que como una modulación triste del llanto en la boca del estómago que cuida la Bestia: pero yo he ido Bestia abajo, he recorrido su esófago hasta el horno del estómago, un paraíso blanco y suave en donde flotan las almas bellas, en donde sueñan las almas bellas con su propia transformación, su paso de ser nada a ser algo menos miserable e inútil, ni siquiera son muertos. Estos jóvenes recién llegados a la espesa niebla, cuyo cuadro más tenebroso, la situación más dura en que se han imaginado es una travesía nocturna arrastrando un cuerpo correctamente embalsamado, no saben, por ejemplo, que he tenido que abrir la puerta de un cuarto encendido de moscas, un cuarto pestilente en donde se pudre el hígado de un viejo sin nada más que sus larvas, amigas que lo ayudan a deshacerse ahora, su compañía ahora: en la sangre impura que ha brotado de la nariz, la boca, los lagrimales, la uretra y el ano, en la mano tiesa que no podemos manipular —sugiero, señoras y señores, traer un martillo para resolver esta aspereza—, en la sábana polvorienta que le servirá de mortaja, he visto mi tiempo y mi cara, y he tenido miedo de morir. Jóvenes que lloran todavía a los muertos con dolor y compasión, encendidos jóvenes que creen ser consecuentes al golpearse la cabeza contra las paredes: la desesperación es el lugar común en donde abrevan los rebaños. Con el tiempo, sin embargo, algo habrán de aprender en la soledad de quien acomoda el cuerpo ennegrecido por la mala praxis de un mal patólogo: en la soledad de quien explica a los dolientes que lamenta haber sido testigo de la intromisión de un puto mercader en la memoria y el duelo, eso es irreparable. La tierra de los muertos es amplia, morir pesa tanto o más —creo mucho más— que el hecho siempre azaroso y no deseado de nacer, pues la muerte no es azar, es destino. Ahora me quedo frente a la ventana y espero verlos venir: el pastor esperará a su pastor. Habrá silencio, sé que habrá llanto. A veces el mundo solo se quiebra, no me digan, aves del llanto, que no se los advertí.

He sentido en la nuca el silencio de los cuerpos. Mientras avanzaba en un mediodía resplandeciente hacia la casa con jardín encendido, con cactus altos y tapia tomada por la hiedra, lo he sentido, ese silencio, como una vibración de algo que pasa de pronto junto a nosotros sin apenas manifestarse, sin demandar atención. Los sentidos de los vivos, a menudo, repelen los sentidos de los muertos y es comprensible: la vida que se embelesa en ser vida resulta incapaz de voltear la piedra para oler y sentir la pudrición que esconde su humedad. Ahora detengo el carro en el patio luminoso —este valle caluroso, recuérdenlo, descompone la carne sin piedad. Lloran al muerto a la sombra de la hiedra y los cactus, lo lloran junto a las amenazantes presencias de la vida: en el polvo hay arrojadas flores inmensas que hipnotizaron anoche a los murciélagos. Bajamos la caja, ayudan los dolientes: hay que dejar a los dolientes arrastrar, así sea unos metros, la caja con el muerto, es como un principio para la expiación de esa culpa intolerable que supone saberse todavía ajeno a la tierra gris, incapaz de ofrendar su vida en nombre de quien ya no está. No es una sorpresa reparar en que somos incapaces de cambiar lo que nos resta de vida por un nicho al lado de alguien: de alguna forma, aun con el dolor y su trazo, volveremos a la vida, con nosotros el muerto, es decir, la memoria. Y a veces atormenta admitir que incluso la cara de mamá, al pasar los años, se me ha ido olvidando, mamá también se olvida, se confunde con las demás caras de la manada.

Los jóvenes también mueren, a los niños les encanta morir y se transforman en un grito ensordecedor que nada disipa.

Aplauden junto a las carreteras de noche y en los crepúsculos son mariposas blancas.

Les sangran los ojos, rotos los ojos, tras el cristal de los ataúdes.

Crujen sus huesos en el llanto que provocan, y se ríen de quienes los lloran, pues les encanta morir.

Pastan en el borde, en el filo de donde comienza la Bestia, comen eternamente.

El pastor de los muertos, finalmente, se vuelve un muerto, recuérdenlo. Lo llorarán los suyos y arrastrarán su caja bajo la lluvia, sobre el barro, hasta la tumba que le corresponde desde el azar del nacimiento. Nadie lo recibe en la tierra gris, nadie. La extensión toda del campo, bajo ese cielo gris, es suya, suya para vagar y poder, por fin, llorar a sus propios muertos abandonado a su muerte, solo suya.

Mar de fondo

> La maldita circunstancia del agua
> por todas partes [...]
> Mientras los muchachos se des-
> pojaban de sus ropas para nadar.
>
> Virgilio Piñera, *La isla en peso*

> Y, ¿no es curioso que muchas
> personas con desórdenes de con-
> ducta o neurosis, al pasar por si-
> tuaciones muy difíciles que no
> saben cómo resolver, se sueñen
> nadando?
>
> Lilia Ramos, *Lumbre en el Hogar*

Hay textos que nacen por boca de la venganza
y los vivos se vengan de los vivos para acelerar
su muerte en la memoria y quebrar los lazos y
tensar la sangre y hacer que no quede nada: despojos náufragos.

En la foto aparece la playa de Caldera: a la izquierda, después de un tramo negro de arena y
la extensión del agua, el puerto con el cortejo
de grúas y las luces que todavía no se reflejan en
el agua: momento de total opacidad, de ausencia
de reflejos cuando ya el sol no desordena las siluetas derramándose. La línea del horizonte está

inclinada, como si el agua y el único barco —pequeño, que por poco logra colocarse en el centro exacto de la imagen— fueran a derramarse sobre el pedazo de puerto. Hay tres cabezas en el agua y no recuerdo si son cabezas conocidas, están totalmente oscuras, inmersas en el tono gris del mar en esa hora decaída. En el horizonte las montañas deshaciéndose. El cielo acapara casi todo: un resplandor naranja, muy débil, encima del agua, después una franja irregular de nubes y encima de las nubes, a excepción de grumos dispersos que siguen oponiéndose a su plenitud, todo el resplandor que muere, abierto.

Terror de las formas, columna herida bajo el agua, limo viscoso verde, miedo de morir calcinado en el empeño de la geometría aplastante, abandonado a mi suerte por el sueño transparente y lúcido de la recta, el punto y el círculo y lo que sea que no reviene como las mareas de este paisaje: cargueros en el muelle, sucios pechos de los hombres que aguardan por mi lengua, no me queda nada más, no tengo nada más, solo esta inmolación:

¿huelen ya mi carne chamuscada?

Ensayo lecciones de tinieblas aunque no soy un Maestro, un ilustre cultivador de las formas fuertes: debajo del agua, sin embargo, mi pulmón o mi pez, mi ojo o mi anguila, mi torrente o mi sangre, han respirado ya, en la ruta abisal, luminosa, los puedo ver alejándose. En la superficie donde floto el sol se desvanece. Ensayo lecciones de tinieblas aunque soy muy profano y desconozco lo que pude lograr de haber escuchado con devoción a los Maestros: mesura, rectitud, meditación, altura, solidez, erección, nada de huecos o fragmentos.

Un territorio fugaz que tan solo se expande, una planicie, un espejo. Engulle la arena y los matices de marrón que reptan en ella, las piedras en donde siguen, después de siglos, enredándose las olas, las crestas oscuras, los armatostes que yacen boqueando en las orillas más lejanas, las que ya no se ven o no se pisan.

Cruzamos una playa y en mitad de la playa un barco. Siempre vacíos, los barcos albergan fulguraciones submarinas aún en tierra: adentro gritan formas de agua, como letras, y poco a poco, bajo un sol blanco, sin mar o con mar, con un palo raspando la parte más húmeda de la playa, intentamos descifrar el dictado,

a veces los mensajes se estropean: sobreviene la nada: la espuma pura.

Yo tenía catorce y estaba en la arena, había cavado una mandorla en la arena y me sentía virgen, en cierto modo lo era: nadie me había roto el culo a los catorce. Él vino caminando, agrandándose poco a poco en la temprana luz. Una playa común, todas las playas de mi vida han sido comunes: nada de lujosas arenas blancas ni aguas translúcidas que recuerdan piedras preciosas, nada, playas pobres, casi cloacas en donde se ven, entreveradas con la corriente, carcasas de plástico y sobros de comida que rescatan los pelícanos. Una playa así, troncos mal puestos, palmeras sin raíces, amarillentas, yo en mi mandorla, viéndolo venir en una tanga oscura. Me retorcí en la arena, lo estaba provocando conforme se acercaba y sabía que lo estaba provocando, lo sabía, quería hacerlo y me da miedo, un miedo indescriptible saberlo. Era tu amigo, papá. Brindaban con cerveza en la barra del bar y hablaban de mujeres en las conversaciones de borrachos, pero él me miraba mientras vos me decías: ¿querés otra? Me encantaban los bares con tus amigos, las cervezas de verdad, las primeras, probadas a los catorce, cervezas marinas. Luego meaba largamente al lado de los bebedores supremos, te contemplaba la pinga a la par de la mía, haciendo un cerrito de espuma en la tierra, meando sin parar los dos: padre e hijo. Grandísimo cerdo, cuántas veces quise hincarme frente al chorro.

Pero había cavado, en la mañana, una mandorla para mí, como una virgen puta. Este amigo tuyo, papá, que llamaré J.M., me había estado viendo el culo y yo lo sabía, en el bar, anoche, ¿no lo viste?, tomábamos en la barra y vos decías que sí, este cabrón salió inteligente, salió inteligente (nunca me sentí más humillado, nunca: no hay mayor servidumbre que la de tener que sonreír a las dádivas podridas de la paternidad), mientras eso pasaba J.M. se ofrecía a mí, se abría para mí como la espesura nueva inhallable en ningún otro lugar. No había sentido nunca el poder que me confería ser deseado con rabia: ahora era el amanecer y me había escabullido hasta la playa y en la playa había cavado, en la arena, una mandorla, nicho de mi cuerpo, porque sabía que él vendría, de alguna forma, y estaba agrandándose en la luz hasta que llegó cerca: iba a reventar la tanga, yo deseaba que reventara la tanga. El mar, vuelto una lengua, me chupaba los pies, todo yo me había convertido en un grandísimo ano sediento de J.M., J.M., grandísima lengua. Se acercó y dejó caer babas, chorros de babas que me revolvían, chorros de babas y susurros en el oído diciéndome: sos tan débil, putito, sos tan débil y yo una piedra.

Lo intolerable de la pornografía, su secreto perturbador. Algo de Barba Azul, algo de zoofilia, pedofilia, Caperucita y la Bestia. Lo intolerable que no existe ya. Los pornógrafos, antes vampiros, respiran ahora al aire libre, en la playa, niños y adultos aplaudiendo a su paso.

Años y luz de mar perdida entre ventanales sucios. Luz de mar perdida entre ventanales sucios: fluorescentes, aulas, libros viejos. Calles alumbradas por los mismos ojos cansados de los buses, la misma lluvia que ha besado tantos muertos. Me duelen todavía los muertos desconocidos: veo un catafalco y tiemblo y me digo: quieto imbécil, guardá el estremecimiento para la muerte de mamá, para cuando el doctor te diga o te diga el silencio que a vos te llegó la muerte y la tenés desatada adentro, adentro, adentro.

Pienso: no más. Siento que declino poco a poco a la autocomplacencia, la simetría rancia de un libro soñado para conquistar multitudes. Ojalá encuentre la dinamita y vuele los túneles. Paisaje alrededor de la casa: paisaje enrarecido por el sexo, adensamiento sexual de la escritura, una escritura de lo bajo.

—¿Sentís que es algo muy sublime el mar?
—¿Sublime?
—Decís que te cuesta hablar de él.

—A todos nos cuesta afincarnos en un pedazo de tierra firme cuando se trata de la memoria o la ensoñación.

—¿Es sublime la memoria?

—Es un vertedero.

—Alguna vez, si mal no recuerdo, me dijiste: todo es muerte, todo es memoria.

—Sí. Exacto: es un vertedero. No tiene patrones ni es posible establecerlos, es una arena movediza que tapa el horizonte. La arena pasa al agua y el agua te hunde definitivamente. No hay fondo.

—Pero hay trasteros, armarios y repisas…

—…bicicletas herrumbrosas, macetas inservibles, los esqueletos de los animales amados…

—…ojos de vidrio, arañas, anillos, esferas de plástico, fotos, cajas, sonrisas de muertos…

—…y esa corriente que no va ni viene, que lo mueve todo hacia la confluencia, todo incomprensible.

—…

Soñé con tiburones otra vez:

llegábamos a la playa, una playa gris a la orilla de una ciudad también gris. Bajábamos, no recuerdo las caras, tampoco las voces, tan solo el hecho de que al abrir la puerta del carro y bajar frente a la playa, al alzar la vista para ver el mar, entre las crestas violentas de las olas se precipitaba hacia la orilla el gran cuerpo de un tiburón, sus aletas sobresalían como negras medialunas. Reparé en que las olas no dejaban ningún margen de arena, se estrellaban con furia contra la tosca ciudad o lo que fuera. El tiburón quedó encallado muy cerca de la orilla, en aguas poco profundas, y de inmediato un joven delgado corrió hacia el animal con la convicción de ayudarlo a volver al mar (me convenzo de que era eso lo que intentaba) y aunque le gritan que no lo haga, lo hace: al tiburón le basta mover un poco su cabeza para tenerlo dentro del hocico, hace presión y el muchacho explota.

Seduje a los catorce a tu amigo. Idiota jamás fui, que quede claro. A los catorce me la tragué por primera vez en una playa pobre, dentro de mi mandorla. Antes de vos nadie, J.M., casi un santo que llevaba al hombro, en Semana Santa, el Santo Sepulcro, se bajó la tanga negra, brillante, y me enseñó a coger. Escribo Santo Sepulcro y de inmediato me acuerdo de la imagen de San Juan que había en el valle: fino, sus colores rojo sangre y un rosado tenue, bajo, unas lágrimas alargadas como su cara deslizándose por los pómulos, yo estaba enamorado de ese San Juan que alzaban hombres como J.M., y bajaba la vista, en las procesiones, hacia el asfalto y así evitaba que se me parara viendo a San Juan, estaba enamorado de ese San Juan: jovencito, la cara de orgasmo por su maestro muerto, la cara de orgasmo, de penetración absoluta bajo el sol, entre la hediondez a mirra. Entre las piernas de la gente veía los perros negros del demonio fugándose y les temía, he visto cosas de temer mientras sufro enamoramientos y sueños de encendida pasión por muñecos como ese, el muñequito San Juan, delicado todo. J.M. se lo ponía en el hombro y sonreía en las procesiones, sonreía en la hediondez a mirra.

Llegamos cuando aparece la luz tímida del amanecer. Esa luz verdadera, una, que no ha podido dejar aún su ovillo de sombra y lo desenreda entonces, desesperada, sobre cada ser. En la playa humean las fogatas de la madrugada muerta, leños encendidos exhalan el fuego cuando los roza la marea. En el muelle dormitan algunas zancudas, arrastrando al paisaje pétreo, a la palpitante ceniza que progresivamente, al invadirla el líquido, se transforma en barro, en aire, en un par de alas batientes que cortan el agua contra el casco de los cargueros. Buscamos lugar junto a una pila de rocas lisas. El despunte del sol hiere de pronto una pequeña arboladura, toca el muelle, también la piel.

He abierto la boca para los cangrejos, para todo. Dentro o debajo de mí, de mis costillas, hígado, pulmones o piernas, en donde sea, han cavado sus agujas. Estoy con la boca abierta en la playa, mientras este grupo de niños grandes patea el cráneo del perro y me cuentan, uno por uno, que han padecido agua, miedo.

La espuma del agua. La espuma de la orina. Las aguas residuales en el río cerca de la playa. Los derrames de oro negro. El pez que deslumbra un momento al aparecer en la basura flotante y brillar, brillar, brillar.

El agua del río bajo el puente es verde, ese verde oscuro, insondable, que recuerda siempre la tonalidad y densidad del tiempo, indiscernible, indescifrable, tormentoso. La armazón enorme del puente sobre el río Zapote, en Upala, los tornillos herrumbrosos, el dique después del puente, en la entrada al centro de cuadras menudas, no muy diferentes a las del centro de Atenas. Mi papá, de corto entendimiento para las metáforas, lee que una funeraria se llama *Luz de vida* y es incapaz de procesar semejante contradicción: recuerdo que me burlé en silencio mientras seguíamos avanzando por las cuadras del centro, hasta el parque. Es un atardecer de verano que toma rasgaduras de violeta sobre el

218

quiosco, un atardecer oloroso, en mi recuerdo, tan deforme como las oscilaciones indemostrables del río Zapote, a zacate recién cortado.

Rompo hacia el aire, dejo atrás el borboteo de la asfixia y la imagen de mi brazo disipando la oscuridad de la arena. Animales planos, sinuosos y repentinamente calcáreos, huyen conforme disipo la distorsión. Lentos nubarrones de escombros hacia mi boca sumergida. Pasado un tiempo los ojos terminan por ignorar la molesta irritación.

Estos mares que aparecen ya son memoria.

Mi papá y su esposa eran gregarios, la familia no eran ellos dos y sus hijas, que eran también dos, la familia eran los papás de ella, la hermana de ella y su sobrina y, a veces, con el tiempo lo mejor fue no pensarlo así, yo. Se habían comprado una buseta en donde cabían todos: gregarios viajeros que me enseñaron la mitad del país. Ni ellos mismos podrían entender el impacto que esos viajes tuvieron en mí, en mi escritura, de qué manera esos desplazamientos y esos paisajes, unidos a la crueldad, al rechazo, a veces al humor, siempre al deseo soterrado que hervía en mí hacia los hombres, embargaron una región de mi sensibilidad. Excluidos ellos, sus voces, sus facciones, excluidos los rencores y la cercanía no demasiado querida entre nosotros, me quedaron kilómetros de paisaje: planicies, atardeceres, ríos, casas repletas de cuartos vacíos, ciénagas, cataratas, rostros, muertos, terrores: mares y mares.

Viajó con toda su familia materna a la playa y los primos más viejos se subieron a una lancha que los llevó a la isla, a dos kilómetros de la costa. Cuando los vio volver corrió hasta ellos, lleno de sed, y preguntó si habían visto tiburones. Uno dijo que sí, que alguno había saltado al agua, cerca de la isla, y sintió cómo le rozaban las piernas. Lo llamaron y le enseñó la pierna: le faltaba la mitad del muslo, la arena estaba llena de manchas y vino hasta él la imagen de una pierna precipitándose hacia el fondo entre hilos de sangre.

Tuvieron una casa cerca del mar, relativamente cerca del mar: la primera casa, la que para mí es el modelo de la sequía, la maravillosa extensión del verano y el calor. Tengo pocos recuerdos de lluvia en la casa de Lagunilla, veo la primera gota cayendo, dramáticamente, como si fuera una región en la que hay que aguardar jadeando durante nueve meses para que aparezca una nube negra y reviente sobre los potreros y la calle polvorienta, sin asfaltar, precipitándose lenta sobre una superficie agrietada, pero no es así, sé que llovía mucho a pesar de que yo no recuerde la lluvia y tenga la sensación, ahora que escribo, de que en Lagunilla llovía agua caliente. Había que desviarse de la carretera principal, asfaltada, para perderse en un camino marrón rodeado de casas pequeñas o potreros de los que sobresalían piedras, higuerones amplios bajo los que pastaba el ganado, recuerdo la iglesia, una iglesia pequeña que en ese entonces parecía muy nueva: un galerón de líneas rectas, una cruz en la punta delantera del tejado, justo en el vértice, la puerta de doble hoja, una iglesia que se confundía con el marrón del paisaje, austera y seca, levantada sobre una colina, una escalera no muy ancha, de concreto, invadida por la maleza, subía hasta ella, la recuerdo, piedras alrededor, como si la hubieran erigido a propósito en el centro de un nido gris. Y digo *como si* porque desconfío de la creatividad voluntaria de la gente que la erigió: el mimetismo de la iglesia con la tierra, con cada recoveco caliente y cada hoja seca y cada corredor desnudo en su luz invadido de suciedad, la pintura blanca de las paredes totalmente percudida por esa misma variación del marrón, ese mimetismo, entonces, de la iglesia con su mundo, fue como una especie de reflejo al discurrir común de la vida en el paisaje. Recuerdo corrales grandes, macizos, llenos de una sombra negra y fresca que se volvía, o invitaba a pensarla así, un oasis en aquel sol invulnerable. Otro recuerdo: llevo la mano fuera del carro, por la ventana, toco con la punta de los dedos a veces, a veces con la mano entera, las hojas larguísimas de la maleza que se levanta a la orilla del camino, mi mano, mi brazo entero perdido en el polvo que levantan las ruedas, y la voz de papá diciéndome que no haga eso, estás loco cabrón, ¿y si te cortás la mano? Después sueño con el camino invadido por el polvo, pedazos de piedra contra un parabrisas endeble, un carro que avanza solo, nadie lo conduce, de mi mano, al mirarla, la palma abierta por la hierba, surge un hilo de sangre que desciende lentamente.

Hicieron una competencia de orines: escalaron al techo del corral y cada uno se bajó la pantaloneta, apuntando hacia uno de los lados, luego empezaron a mear sobre los canales de las latas de zinc y cada uno de los de abajo vigilábamos cuál chorro desbordaba primero y caía en picada hacia el aserrín y la boñiga.

El viento anega la hierba desde abajo. La ondula, la levanta hacia la memoria del mar.

En el lago, cerca de la casa, había plantas con los tallos rojos, encendidos, como si sustrajeran sangre del barro, y yo atravesé esos tallos y el barro para entregar la botella de agua. Recuerdo que se llamaba Elías y era joven, moreno, los ojos a veces pringados de una arborescencia roja igual que las plantas alrededor del pequeño lago marrón, y se encargaba de arreglar las cercas y cuidar a los animales: había salvado una gallina con toda un ala despedazada y una herida abierta, casi vacía de sangre en el gallinero después de su encuentro con los perros. Me entregaron una botella metálica, de agua fría y me dijeron que se la llevara y atravesé las plantas encendidas a la orilla del lago y me dejé hundir hasta las rodillas en el barro del lago para entregársela, para verlo de cerca y estar solos. A veces miraba al suelo, en presencia de los grandes, a veces me miraba a mí, tan afeminado, tan descaradamente maricón que no tenía miedo a sostenerle la mirada y sugerirle cosas. Imaginaba que de pronto, en un arrebato de ira, podía hacer conmigo el trabajo inverso al que había hecho con el ave, levantar el machete o solamente con sus manos despedazarme y dejarme botando sangre cerca del lago, porque se notaba que había debajo de sus ojos, del temblor de sus manos tan prematuramente avejentadas y golpeadas, un enojo irresuelto, un puro rencor. Subí por la penumbra de la arboleda hasta la cima del potrero en donde trabajaba y al verme se levantó y esperó, sonreí, entregué la botella. En el corredor, mientras conversaba con los grandes, me miraba y yo lo miraba, en las noches cuando se quedaba a comer, mientras estaba con los grandes hablando del ganado o simplemente esperando, con un cigarro encendido, me miraba. Idiota jamás fui. Yo tenía entonces diecisiete y él no debía haber cruzado los treinta, aunque debía estar pronto, tenía un hijo, recuerdo, y tenía una esposa y venían a la casa y comían y reíamos todos. Pero yo no podía dejar de mirar a Elías. Me preguntó si ocupaba algo y sentí vergüenza: había entregado la botella, ¿por qué no me iba? Dije que no y me di vuelta, rojo de ira. Empezaba a caminar de nuevo bajo los nances y mangos cuando escuché que me llamó, no por mi nombre, no sabía mi nombre como yo sabía el suyo, y al voltearme estaba orinando, erecto, con los pantalones en los tobillos, al aire: las gotas caían entre las hojas desde su glande brillante y se hacían barro, bajaban la inclinación hacia el lago, bajarían, pensé, y penetrarían en los tallos ensangrentados de las plantas que rodeaban el agua. Lo miré orinar en una especie de éxtasis y él reía de verme así, en trance. Luego la guardó, se subió los pantalones, no sin antes volverse y enseñarme un hermoso par de nalgas lampiñas, brillantes. Corrí hasta la casa: los tallos de sangre, el zumo de la orina, su espuma, el pene duro que acababa de ver en comunión con los pájaros, el bíblico nombre de su dueño: fue la primera vez que aguanté los cinco dedos en el ano, pensando en su hálito caliente, pensando en que iría a comerme la tierra todavía húmeda de sus restos.

A partir de un verso de Luis Cernuda, escribe: "Pobres adolescentes, pobres que fuimos, cargando esos cuerpos quemantes, esas dudas, esa lascivia, la furia contra Dios, contra cada piedra. Pobres que no supimos respirar un momento el viento entre los árboles o descifrar un poco mejor el movimiento del mar, la frecuencia de las olas. Noches lóbregas, extrañas noches mojadas en comunión con los huecos de mi cuerpo, la fantasía demoledora de poder darme el olor que envidiaba en las mujeres elegantes, los gestos de sus manos siempre en una toma de cerca sosteniendo un cigarro. Solía inventar diálogos entre mis amantes y yo, diálogos pornográficos en donde pedía un poco de semen, por favor. Diálogos rogando por un poco de sexo. ¿Y qué es el sexo, Amado? Esa noche transida de gritos, de nostalgia por las piernas velludas en las que se enredó el sol una mañana cualquiera. Nadie pidió ser adolescente, con el tiempo nos odiamos, con el tiempo los borrones y la vergüenza conforman la imagen verdadera: corríamos en llamas, amados, amadas compañeras, a través de los pastizales en donde los toros blancos y las vulvas encarnadas en los troncos nos llamaban, y hablábamos la lengua de la impaciencia, el resquemor en el culo después de haber hecho para saber, para probar ese dolor agreste y único del que nada sabemos ahora, fuera de las llamas."

Manipularon un neumático viejo, enorme, para transformarlo en una pileta de agua de donde bebería el ganado. Recuerdo que me llevan a mirar las olominas que nadan en sus estancadas aguas verdosas. ¿Era para que bebieran las vacas? ¿Era parte de algo más que no recuerdo: estanques artificiales, canales de riego? Me emociono al ver el movimiento de los peces. Alguien me habla pero yo solo quiero verme en el fondo, siempre al fondo.

También tuve mis mareas de incesto, como cualquiera. Hubo días en que, enamorado de papá, propiciaba momentos a solas con él y me ofrecía, aunque jamás lo notó: fueron un salto al abismo. Como presa, yo no existía. En un sueño de hace mucho estaba muerto y sangraba sin fin, cerca del mar, su cadáver en un viejo sillón sucio de algas y restos. Yo recorría el hilo de su sangre hasta el mar y en el mar, con mis tijeras, le cortaba por fin el último hilo de vida.

Tras escribir una hora o poco más de una hora, las hordas de la transparencia son piedra. Adiós, mares de la memoria.

—Decís que te cuesta hablar de él.
—¿Del mar?
—No, del muerto.

Al regresar tomé una foto en donde aparecía un carguero atravesando el poderoso destello del sol. Un resplandor, iridiscente el mar adentro, la arboladura de otra embarcación recortada como las viejas ramas en la niebla. En el edificio abandonado frente al puerto dormían perros con los costillares al aire, las moscas girando alrededor de sus ojos. Bajamos para estirar las piernas después de tres horas de carretera y crucé el asfalto caliente, buscando la playa que había visitado con los míos, con el pudor lacerante del lado materno: él no sabía nada de mí, de mi historia con los dos mares, las dos orillas. Me siguió de cerca, dijo que a esa hora, justo cuando el sol que había logrado capturar estaba muriendo sobre la superficie, era el mejor momento para entrar al agua. Intenté besarlo, salado, el agua y los manglares del otro lado de la carretera, detrás, pero se apartó: tenía miedo de que nos vieran, de que supieran algo.

Un sueño —engaño pleno de una ilusa gramática o esperanza de una gramática— se expande.

Mordiscos en los bordes, en los pies, en los pezones.

Una pregunta que nunca le hice a mi tío ni a nadie fue si aquí podía haber panteras. He visto ojos almendrados en la oscuridad, pero no felinos, otros ojos, otras granulaciones rasgadas.

A Lagunilla entraba un bus dos veces al día, un escarabajo en un tul marrón avanzando asediado por la luz, la gente parecía rodar desde las sombras oscuras hasta sus puertas. Lo vi una vez desde el balcón: un escarabajo en un tul marrón avanzando asediado por la luz.

Aparecen y ya son memoria.

Enredada entre las algas, escultura lenta de las mareas, está la cabellera del cadáver.

Estoy solo, de noche, en los recintos vaporosos de la infancia y hay una espuma negra que trae hasta mí la basura de las fogatas. Algunas veces le cantan a los barcos distantes y otros, en grises tardes lluviosas que se vuelven catedrales en valles tan distantes como los barcos, se limitan a dejar de ser voces para solamente escribir. Son entonces basura que crece en la pelambre salada, viejos cúmulos de plumas y de signos.

Encontré condones escondidos debajo de las sábanas cuidadosamente dobladas en una gaveta. Ya lo dije: idiota nunca fui, en ese momento ya no tanto como ahora, sabía lo que eran: tomé uno para mí. En el baño, mirando moverse las ramas del carambolo por la ventana desnuda sobre mi cuerpo desnudo, me puse un condón por primera vez, y aunque no me calzaba bien todavía, aunque no podía saber cómo acomodarlo del todo, la excitación de ver mi pene debajo del látex amarillento, lubricado, fue tanta que en un momento me había venido debajo del chorro de agua fría.

La sangre de Quint. El libro que sostiene Ellen: en blanco y negro, el tiburón destroza la barcaza.

Siento pánico de la profundidad del mar, presiento una garganta sin nada más que oscuridad móvil, más densa que la oscuridad a la que me ha condenado mi filiación con determinado reino de la naturaleza.

Él tiene un pene, digamos, considerable. No está circuncidado y ella está de rodillas, desnuda, sonriendo a quien los graba. Un paraíso previo al sida en donde la comunidad entera puede asistir a la mamada pública. Él mueve un poco su cuerpo hacia ella y le apoya el órgano en la cara. Ella lo aparta:

—Primero hay que lavarlo —dice.

Los presentes aplauden. Están en la playa, incandescentes.

A veces el mar se transforma en una rareza, sobre todo desde las lejanías del lado materno, se vuelve cercano y suave y deja por un momento de padecer la insolación del sexo como si fuera una tempestad. Abundan el pudor, el silencio, los sobreentendidos, las censuras, lo inconfesable de los odios entre hijos y papás, entre hijas y tías, entre tías y sobrinos.

Cuelgo entre sílfides y enanos, maestro Paracelso.

En los barcos había ráfagas de fuego y se quemaban los cuerpos.

Una de mis historias preferidas tenía que ver con el galerón abandonado que estaba al final de patio de atrás, más allá de la fila de robustos limoneros. Había una cama en ese galerón abandonado y soñé muchas veces con que me mandaban a dormir ahí, de castigo, y en la noche, atravesando las paredes y las cobijas, la encarnación de mi deseo en ese momento se manifestaba esplendente: se trataba de un muchacho que vivía cerca de mi casa y que veía siempre en el colegio, era unos cuatro o cinco años mayor que yo, el pelo negro azabache lleno de rizos, los ojos verdes, una nariz levemente aguileña y el culo amplio: recuerdo las nalgas turgentes en el pantalón del colegio, chocando contra mi hombro a veces en el bus, en la mañana, cuando todos nos apretábamos durante cinco minutos para viajar en paz. Nunca supe su nombre, los nombres de los muchachos que deseé nunca me fueron revelados, al menos no los que deseé mientras crecía y me iba haciendo a la idea de que en mi caso iba a tener que explotar la imaginación, cubrir todos los puntos muertos hasta llegar a la penetración, que en ese entonces era para mí el sexo: tenía ideas muy particulares sobre lo que era coger con otro hombre. Imaginé más de una vez, mientras estuve prendido del muchacho rizado, que me enviaban castigado al galerón, pues era algo que perfectamente podía pasar en uno de los viajes a la casa de Lagunilla, dado que yo era un mocoso cobarde: le temía muchísimo a la noche, a las historias de fantasmas y monstruos

que devoraban al ganado en los potreros, descuartizadores en las sombras, todas las cosas que
luego me han seguido y estaban magnificadas
ahí, y mi cobardía era una ofensa para papá y su
esposa (sobre todo para ella, que no concebía
aberraciones como un mariconcito engendrado
por el mismo hombre que se dormía junto a
ella oliendo a alcohol y a sudor) y el método
de corrección perfecto era forzarme a enfrentar
ese miedo, dejándome solo en los cuartos de la
casa: una vez, mientras dormía solo en una de las
camas amplias del cuarto grande, en los días en
que recién descubría que la masturbación podía
salvarme del miedo y convertir a los descuartizadores en angelitos lameculos, imaginé que me
enviaban a dormir al olvidado galerón, imaginé que lloraba y que, como si se tratara de un
cuento espiritista, aparecía mi ricitos-de-carbón
al pie de la cama con una sonrisa en la cara, totalmente desnudo: el abdomen sudoroso, porque
se sudada tanto en esas noches, las noches de las
primeras jaladas, de las venidas aparatosas que se
enredan en las manos por primera vez y luego
no se sabe qué hacer con tanta telaraña almidonada, su piel marmórea, de fantasma común,
contrastando con la guirnalda de los rizos, y se
metía debajo de la cobija en donde me protegía del miedo y empezaba a pasarme la lengua
desde las rodillas hasta los genitales y se traía el

232

sudor de todo mi cuerpo, también el de todo su cuerpo, sudor espectral, hasta mi boca y juntábamos todo: al principio era solo chupar y oler, oler interminablemente, apropiarme de ellos oliendo, soñaba con oler los boxers, las ingles, las axilas, los cuellos, las nalgas, todos los rincones de los hombres que en ese momento, en mi avalancha inicial, creía amar. Y así, poco a poco, aunque a veces, hoy, sigo teniendo miedo en las noches, pude soportar la soledad de esos cuartos poco hospitalarios llenos de corrientes de aire y golpes en las paredes, y mientras la cobardía se diluía un poco me crecían las flores carnívoras del culo y la imaginación, para desgracia de la Inquisidora.

Ya no vi el fuego en el desierto, tampoco —como otros— la zarza, vi el fuego expandirse sobre el agua y luego apagarse, turbar el silencio.

Dice el verso que este animal escamoso que se cuela en mí, que me mira desde adentro como una isla dentro de mí, conoce mis culpas, los nombres de tantos a quienes he ofendido y el hedor ferroso de mis secreciones.

Papá era una estrella deportiva. Estoy rodeado de ellas, hay una sobrepoblación de estrellas deportivas por los dos lados de mi ruta, el mar paterno y el mar materno. Tengo una foto de 1993, el año en que nací, en donde aparece papá boleando en un gimnasio, su carita soberbia de siempre: es mi copia, soy yo en 1993, meses antes de nacer, posando como deportista estrella de un equipo de voleibol. Tal vez por eso terminamos lejos, es imposible que algo tan similar no tienda a disgregarse, incluso a odiarse, es incluso obsceno, totalmente masturbatorio: ¿quién no ha puesto frente a su cuerpo desnudo un espejo para imaginar que se coge a sí mismo?

Las sombras lúbricas de los cuerpos en el atardecer. La noche del fuego que vi desde el balcón: eran líneas de fuego que avanzaban a través del monte seco como si hubieran planeado perfectamente una invasión. Iban y venían entre los mangos, se adentraban en los potreros y devoraban las palmeras de coyol y había que salir con las mangueras y baldes de agua, buscando la manera de apagar el fuego, hacer rondas alrededor de la casa, de los corrales. El incendio iba y venía, la brisa podía levantarlo de un momento a otro y dejarnos desnudos ante él, otra vez. Recuerdo que en la madrugada, al despertar en la oscuridad después de un sueño pegajoso, vi las ramificaciones nuevamente encendidas y grité fuego: nos quemamos los pelitos de las piernas y las cejas en combate cuerpo a cuerpo.

Una mañana mi tío E. dijo que habían visto una pantera. Él y no sé quién más. La habían visto saliendo de uno de los cañales que rodeaban la escuela, había cruzado la calle solitaria, antes de las seis de la mañana, y se había adentrado en el otro cañal, el que estaba en frente. Todavía lo escucho tan embelesado como lo hice esa mañana, imaginándome cómo el animal se voltea un momento en medio del paisaje y el silencio para mirarlos con sus ojos severos, profundos, de ese amarillo almendrado, lleno de fisuras.

Hace mucho dejó de correr agua junto al bambú. Nadie espera que sobrevenga el hielo, pero tampoco puede hablarse de sequía: hay solamente debilidad.

El desasosiego tremendo que me produjo la incursión solitaria, desde el submarino, en la ciudad desierta, sepultada. Mayor que cualquier monstruo en su nido helado, sin posibilidad de muerte, sin un solo indicio de algo como el tiempo: la eternidad no está en el cielo, se esconde bajo las aguas.

Yo, al borde de la inocencia, ¿qué podía hacer? Lo contemplé desnudo en la temerosa luz de una lámpara y me incliné para besar su pene

suave, escondido en el vello áspero y en el capullo de piel. Poco a poco se endureció. Alcé los
ojos y vi los suyos: estaba despierto. Se enderezó
en la cama y rodeó mi cuello con sus manos y
apretó, apretó, apretó hasta dejarme casi inconsciente. Su pene babeaba, también quería estallar
como mi cráneo bajo la presión de sus manos,
y lo hizo: pringó de semen las cobijas y mi almohada. Entonces me soltó y corrió al baño, lo
escuché lavarse la cara. Empezó a llorar.

Inquietante despertar para revolver en la basura que llega a desovar en la playa: siento que la
grisura de la luz, su aspecto metálico inalterable,
me restituye una y otra vez al frío. Aunque pocas
veces, casi nunca, haya sabido lo que hace el frío
—en un músculo: la lengua, por ejemplo— y
lo que hace el gris, precisión: plomo, una resurrección del frío en un cuerpo tributario —a su
pesar, pareciera a veces— del trópico.

"Habían visto". ¿Quiénes la vieron? ¿Él y
quién? Pudo estar solo ante sus ojos. Pudo no
ser nada más que él a pesar de mi empeño en
escribirlo acompañado: "para mirarlos", escribo.

¿Y qué sería, para mí, ese tiburón?

Alguna vez imaginé que el monstruo de la isla florecía del abismo como lo hacen las algas o las cabelleras de los muertos.

Encuentro una carta dirigida a un desconocido entre los despojos que están dispersos en cajas de cartón, alrededor de la cama en la que suelo dormir en la casa de mis abuelos. Mencionaba sus nalgas, ella le decía que le encantaban sus nalgas. Corro, lleno de pudor y de malicia, y se la enseño a mi abuela y mi abuela me la arrebata y me da un manazo. Está furiosa, estas cosas no se hacen, no se leen, no se hablan. Es pasado. Cada vez que yo hacía este tipo de cosas aparecía el agua: por cada infracción pringada de lujuria debía correr a destapar una de las botellas con agua que guardaban debajo de la pila y tomar un trago, me habían convencido de que era agua bendita y que el agua bendita aplacaba al demonio y reducía las turbaciones.

Ser niño, ser playo y ser niño y estar bajo el cielo de Atenas en enero, el olor de los incendios llenando el cráneo de brasas, lluvia de cosas vivas que ahora vuelan muertas, hechas polvo. Amar a los hombres en enero, vientos, sol y llamas al lado de los cuerpos segados de la caña, el resplandor rojo en el cielo nocturno, en la distancia.

"Me gusta mucho el texto que me envía. Lo que no logro comprender es la insistencia en la pornografía, ¿por qué la pornografía? Creo que además de ser un recurso fácil, desvía las cosas hacia la engañosa genitalidad que ha cubierto desde siempre el espectro del erotismo."

Al azulejo lo divisé en la rama, llegando a la rama: desconozco el nombre de esos árboles ralos, con hojas pequeñas, numerosas, que abundan en la playa de Caldera, esos a los que les cuelgan sábanas para hacer tiendas, junto a sus troncos encienden fogatas, me mortifica no saber su nombre, no poder escribirlo, tener encima la indiferencia, opaca burbuja, que suena a lo que sea: decir solo árbol. Comienzo de nuevo: lo divisé en la rama, llegando a la rama, al azulejo que nadie más notó. Un quiebre de los reflejos sobre el mar, del olor a pescado rancio, del vuelo a ras del agua de los pelícanos. Fue un viaje desmayado, planeado el día antes: me trajo una infección en el oído y una anécdota ajena: la anécdota de que en algún momento, en esa misma playa, en una noche ida, mamá había estado en el agua sin luz y sin nadie, había visto la luna y había llorado un poco.

Soñé con tiburones otra vez: a veces son sencillamente masas de carne que saltan de un charco a otro. Gigantes figuras que rompen la delicada oscuridad de la conciencia. Incontrolables, ellos y su sangre y su mansedumbre cuando no los miro o los atraigo. Leí que casi nunca devoran personas, que casi siempre, imitando a sus compañeras las rémoras, se adhieren a los sueños de terrestres incautos. Se comen lentamente a los ángeles y destrozan esa perniciosa mentira conocida como alma.

Pensaba que se llamaban *hombres* y que el fruto a veces viscoso, ardorosamente fétido, que mostraban bajo la ropa, era mío desde que el sol había disipado las sombras. Iba tras ellos siendo niño, iba sin parar a todos los caminos en donde se detenían a orinar y los observaba desde la maleza. Eran míos y no podía reclamarlos, pues ellos creían que un niño está libre de posesiones.

Expansión, no progresión. ¿Hacia dónde? No hay un hacia dónde.

Comprendo ahora el odio hacia los adolescentes, hacia su lento avance entre las atormentadas masturbaciones y las carcajadas hirientes de su existencia a menudo parasitaria. Caravanas de ballenas viajan en sus carruajes por los caminos del reino para contemplarlos en sus ataúdes de cristal y soñar, mientras los miran, que lamen sus perfectos pies embalsamados, esos anos todavía sin mácula que no sea la excrementicia, esas bocas que desconocen aún la adicción al tabaco, al alcohol, a los muertos. Luego las caravanas lloran a sus vírgenes, prematuramente seniles.

En la pared del baño, mientras las ramas del carambolo continúan agitándose afuera, descubro una espesa gota de semen en la pared. Los amigos de papá toman cerveza a la sombra del mango y los niños corren y ríen a su alrededor.

Desfilan cuerpos imaginados, desnudándose en la noche que hierve, el fervor enrojecido del mar en el atardecer no se detiene, no puede mermar, sigue como una porción que muerde la tierra y destruye las casas que sobrevivieron a las tormentas, porque hay casas que sobreviven a las tormentas pero no al mar, voracidad roja que socavó las raíces de las palmeras: no sé si todavía están los esqueletos de esa edad de sal y semen —ofrézcanme su carne amigos, discípulos de papá, acepten mi ramo de porquerías— y no sé qué puede quedar de ese purgatorio que era playa Guacalillo: la imagen del pez globo que pesca A. —divino A., un ángel acechado por mis cuervos entre nosotros: pero el tiempo siempre destruye la belleza, muerde como el mar las raíces y nos arroja los despojos, ¿qué quedó de

240

vos divino A.?—, un pulso vivo entre la basura, los gritos que dicen que es venenoso, cuidado, y la casa frente al mar totalmente destruida: el mar avanza, su venganza avanza, hablan todos de cómo hace veinte años la línea del agua estaba a casi quinientos metros, o más, de donde está hoy, hoy está al borde de la casa que visitamos y han huido todos, la casa vacía, crustáceos y humedad: A. mete su lengua, mientras nadie nos ve, en el oído de mi prima y yo la odio, la odio por enseñarle a besar, la odio por encerrarse con él en el baño minúsculo mientras yo tengo que vigilar que nadie venga: su boca es un asco, debería ser yo quien cartografíe, mientras dura su belleza como un pájaro suspendido en el aire, el cuerpo de A.: y a lo largo, en la luz platinada de ese mar rencoroso, hay todavía restos de las casas que estaban en lo que ya fue devastado: no caerá fuego del cielo cuando venga el fin de toda esta miserable especie, no habrá más fuego que el pedazo de mar esplendente visto desde el balcón, y se derramará el mar con toda su basura, devorando casas, sembradíos, jardines de infantes, hasta tocar nuestros pies, nuestro cuarto y devorarnos también, marea de cadáveres, relatos de trombas, relatos de la costa, la lluvia se cuela en el recuerdo amarillo de Lagunilla como si fuera una premonición: del desierto al pantano, la casa se disuelve para siempre como un espejismo en ese mismo mar.

Quisiera empezar otra vez: quisiera limar de estos fragmentos la *vulgaridad*. A veces despierto lleno de una prematura senilidad que me permite pensar en la existencia de cosas como esa, como la vulgaridad —o en textos que hablan del mundo *tal y como es*. ¿Qué será de mí, de nosotros, oh vida cargada de frío en medio del fuego, sin las incursiones terroristas de la vulgaridad?

Como Dios castiga a los depravados, a los sucios de corazón, pensé muchas veces que su Hijo, divino, martirizado, hermoso en la posteridad de las imágenes, apenas cubiertos sus testículos por un pedazo de tela, bajaría en la oscuridad de mi cuarto como lo haría una bestia de las sombras en la lentitud del abismo y entre sus dientes de falsa porcelana, en su frío de falsa tumba, masticaría mis genitales exhaustos de tanta masturbación: devorarme con su belleza cargada de sangre, su falsa crueldad de falso dios.

Yo sería un tiburón entonces,
bajo las sábanas ensangrentadas,
masticando los colgajos de los imbéciles.

Entregado al extravío, sencillamente arrojado a la penumbra de esa corriente indiferenciada que termina por adentrarse en el hocico de la noche, Amado, dios o mar, quienquiera que me oiga o contemple mientras me pierdo intentando explicar qué pasa, qué sucede aquí:

he soñado el mar, mares insistentes, mares o porciones de mar amenazantes que no soy capaz de enfrentar, agua que me sujeta, me transforma en piedra mientras se alza, derrumba muros y se impone y arrastra con su furia bestias temidas: ¿qué me pasó, quienquiera, dios o mar, la noche en que el Hitachi me transmitió *Tiburón*?

y nos habita un mar, sé que habita un mar aunque mi lealtad sea hacia esa porción de malva claridad húmeda, me habita en la forma de la memoria con el oleaje de los muertos, sin origen, sin ruta,

estoy extraviado en la noche, estaré extraviado toda la noche.

Ya son memoria. Mares. Abiertas piedras, fósiles. Negras criaturas de lengua muerta: a la orilla de las aguas, manos que parten de mí hacia las imágenes diluyéndose: aparecen y ya son memoria. No hay falsedad en la memoria, se traslapan las cosas, ni verdad ni mentira, un florecimiento que muta como el pelaje de las figuraciones del sueño, un mar de fondo.

La muerte solo es una: la desmemoria del agua.

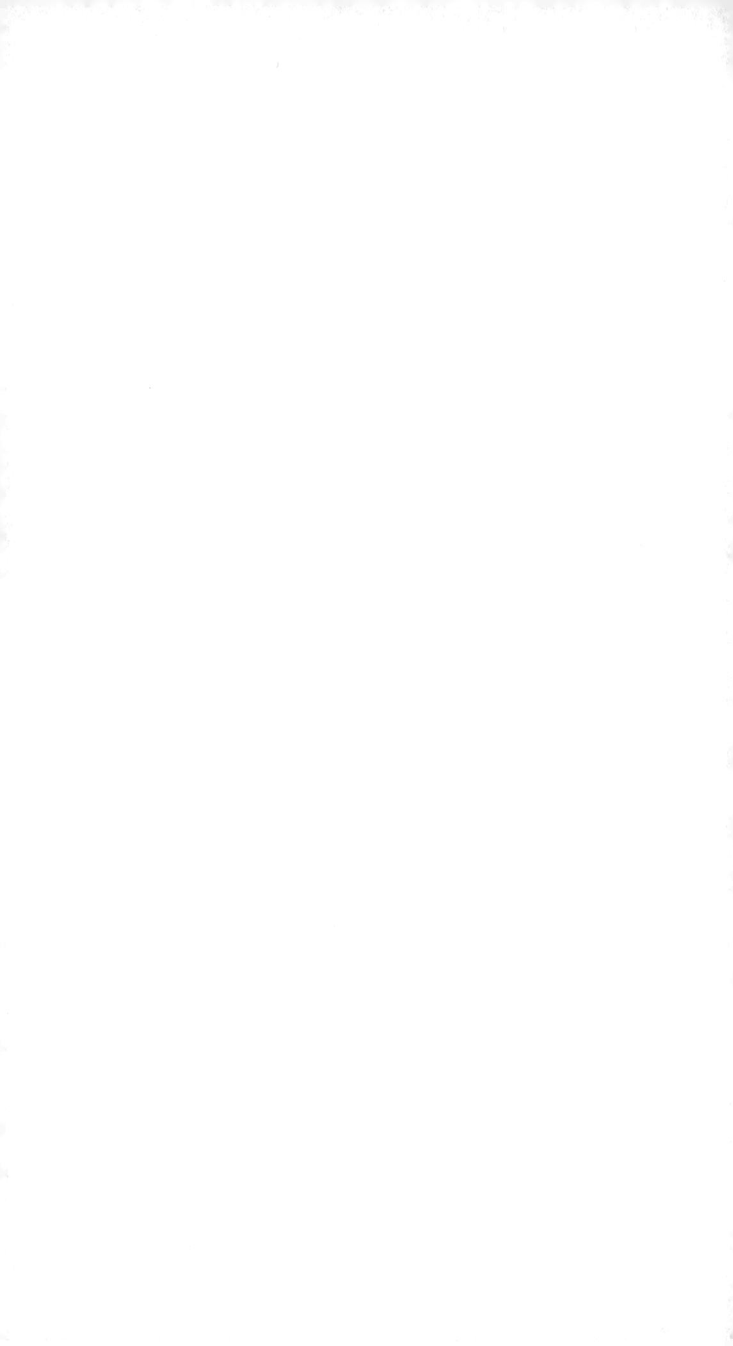

"El planeta pasó otra vez, ¿qué anunciará?, desde un costado chico del cielo a otro igual, era
negro, de mineral, cuerpo grueso, alas cortas,
pájaro y pez, y nada de esto", se lee en *Reina
Amelia*, de Marosa di Giorgio.

Esas palabras marosianas animan de sentido
esta colección que ahora les presentamos.

Junio de 2021

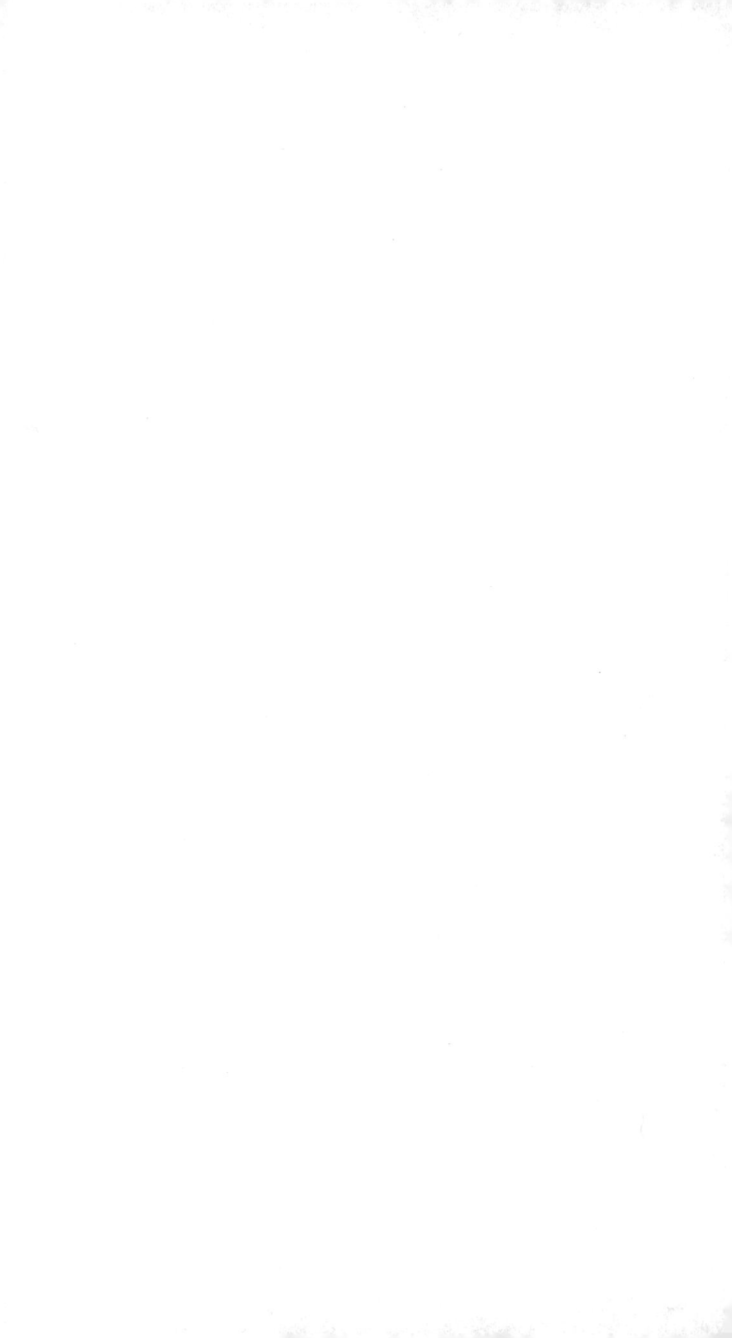